पन्त का उत्तर-काव्य

वाणी प्रकाशन

नयी दिल्ली-110002

फोन : 3273167, 3275710 • फैक्स : 3275710
e-mail : vani_prakashan@yahoo.com
vani_prakashan@mantraonline.com

पन्त का उत्तर-काव्य

मीरा श्रीवास्तव

ISBN 81-7055-785-2

वाणी प्रकाशन
21-ए, दरियागंज, नयी दिल्ली-110002
द्वारा प्रकाशित

प्रथम संस्करण : 2001

मूल्य : 125.00 रुपये

शुभम ऑफसेट, दिल्ली-110032
द्वारा मुद्रित

PANT KA UTTAR-KAVYA
by Meera Shrivastva

रजत मानस के स्वर्ण मराल
रश्मि दीपित कवि-भाल

श्री सुमित्रानन्दन पन्त की स्मृति में—
उनकी जन्म-शतवार्षिकी पर

आमुख

कविता मेरे लिए सदैव कुछ 'होने' की प्रक्रिया रही है, विशेषकर श्री सुमित्रानन्दन पन्त की कविता! इस होते जाने में स्वयं 'प्रक्रिया' को बारीकी से लक्षित किए रखना या बाद में उस प्रक्रिया का विश्लेषण करते रहना मेरे लिए असम्भवप्राय ही रहा है। ऐसा लगने लगता है कि अनुभव की अद्वितीयता की बीच में चीरफाड़ की जा रही है। जो स्फुरित होता है वह एक 'काव्य-अनुभव' होता है जिसे व्यक्त करने में मैं बौद्धिक भाषा को हमेशा ही असमर्थ पाती हूँ। काव्य का नाट्य की तरह प्रक्रियापरक विश्लेषण मुझसे हमेशा छूट-सा जाता है। इसलिए तथाकथित् 'सम्यक्' आलोचना को इसके 'सुजान' शास्त्रकारों के लिए ही छोड़ देना ठीक है। पन्त के उत्तरकाव्य में तो 'होने' की प्रक्रिया अधिकतर इतनी सूक्ष्म होती है कि प्रायः अलक्षित ही रह जाती है। केवल फलागम या 'होना' ही दीखता है। यदि इस 'होने' का कुछ भी आभास इस पुस्तक में मिल सके तो मैं समझूँगी 'चेतनावादीकाव्य' के साथ कुछ हद तक न्याय कर लिया गया है। यह मेरे लिए काफ़ी है।

अस्तु, प्रक्रिया को शब्दशः या अक्षरशः दर्ज न कर पाना मेरी मजबूरी ही है। आशा है कि जो मुझसे नहीं सध सका उसके लिए पाठक मुझे क्षमा करेंगे। और जो सध सका उसके साथ अन्तरंगता का अनुभव करते हुए सहयात्री बनेंगे। कविता हमेशा एक यात्रा ही होती है—चेतना की। कभी-कभी यह यात्रा एक साहसिकता बन जाती है। श्री सुमित्रानन्दन पन्त के उत्तरकाव्य में धँसना भी एक 'ऐडवेन्चर' ही है। यदि पाठक इस 'ऐडवेन्चर' में शामिल हो सकें तो, चेतना के विशालतर होते जाने में, मुझे सन्तोष ही नहीं, प्रसन्नता होगी।

मीरा श्रीवास्तव

89, टैगोर टाऊन
इलाहाबाद-211002
10.10.99

अनुक्रम

मौलिक प्रतिमानों का संकट

कविता और प्रतिमान को लेकर इतनी चर्चाएँ, बहस या निष्कर्ष निकाले गए हैं कि इस 'प्रतिमान' शब्द को दुहराना ख़तरे से ख़ाली नहीं है। एक तरफ़ प्रतिमान बने-बनाए सूत्र समझे जाते रहे हैं, दूसरी तरफ़ इस सूत्रबद्धता का विरोध करते हुए 'पद्धति के बिना प्रतिमानों की चर्चा निरर्थक है' कहा गया। यह भी कहा गया कि पद्धति या पढ़ने के तरीक़े कृति का स्वरूप निश्चित करते हैं, और प्रतिमान की चर्चा वहीं से, उसी से शुरू होती है। अब समस्या यह है कि पढ़ने के तरीक़े अलग-अलग संस्कारों के अलग-अलग हो जाते हैं, और तरीक़ों की इस भिन्नता से कृति का स्वरूप-निर्धारण भी अलग-अलग हो जाता है। आख़िर में, बात इतनी बेमानी हो जाती है कि 'कृति' तो दूर, कवि पर बौछार शुरू हो जाती है : उन्हीं पुराने शब्दों के द्वारा जिसका कवि की कृति से कोई सीधा सम्बन्ध नहीं बैठता—सम्वेदना, बौद्धिकता, बिम्ब आदि आदि। अर्थात् जब पद्धति ही निरर्थक हो तो प्रतिमान भी निरर्थक हो जाते हैं, और यहाँ तक सम्भव है कि काव्य-समीक्षा की निर्णायक कुर्सी पर बैठे समीक्षक कवि को अपराधी की भाँति काव्य-इजलास के कटघरे में ला खड़ा करें।

काव्य-इतिहास के दौर में इस तरह की घटनाएँ दुहराई गई हैं। कबीर पहले कवि नहीं समझे जाते थे, बाद में उत्साहपूर्वक प्रथम श्रेणी में शामिल किए गए। काव्य-इतिहास में पन्त के साथ यह दुर्घटना लगातार घटित होती रही—वे कवि रह गए या नहीं, जब थे तो दूसरे कि तीसरे नम्बर पर, इत्यादि? पन्त जैसे कवि व्यक्तित्व के लिए यह अपमानजनक है कि कोई उनकी वकालत करे। जब वकालत और आरोप बन्द होंगे तभी सही मूल्यांकन होगा। वह अभी हो, या भविष्य में हो यह तो पाठक या समीक्षक की तादृश्य/तद्गत चेतना के कारण होगा जो कविवर पन्त को प्राप्त थी, और जिसकी व्याख्या करते वे कभी नहीं थके—शायद वे महसूस करते रहे कि लोग उनके बाद के काव्य से जिसे मैं 'चेतनावादी' न कहकर उत्तरकाव्य कहना पसन्द करती हूँ, बहुत तदात्म्य अनुभव नहीं कर पा रहे हैं। मुझे पता है 'सूर-सूर तुलसी शशि' के जनमत से तुलसी के पाठकों पर अब उलटा असर पड़ता है, उस समय क्या असर पड़ता होगा—पता नहीं! मेरा मतलब

यह क़तई नहीं है कि कवि का वक्तव्य उसकी कविता की समीक्षा के लिए उस 'पद्धति' को स्थानापन्न कर सकता है जहाँ से मौलिक प्रतिमान उद्‌भूत होते हैं। मतलब यह ज़रूर है कि कवि-वक्तव्य अकसर नए प्रतिमानों की ज़रूरत महसूस कराते रहे हैं; छायावादी कवियों की लम्बी भूमिकाएँ भी इसी बोध से शुरू हुईं। स्वयं छायावादी कवियों को, अपनी कविता को युगमानस में उतारने के लिए, अपनी ओर से, वस्तु और अभिव्यंजना को लेकर बहुत-कुछ कहना/सुनना पड़ा। इसका कारण यही था कि उस तरह की कविता के संस्कार के लिए पाठक या समीक्षक का एक प्रबुद्ध वर्ग तब तक उसके प्रति आक्रामक (hostile) था या उदासीन। कृति के अनुरूप पाठक न बन पाने को डॉ. नामवर सिंह 'एक तो अतीतजीवी अबोध अथवा जड़ पाठक, दूसरे भविष्यजीवी सामाजिक जागरूक पाठक' का स्मरण कराते हैं। दोनों प्रकार के पाठकों में वे समानता इस बात में पाते हैं कि 'दोनों ही के सिर हर समय 'सामान्यताओं' से भनभनाते रहे हैं और हर कविता से वे उन्हीं में से किसी एक की पुष्टि की आशा लगाए रहते हैं, और ज़ाहिर है कि इसके लिए उन्हें प्रस्तुत कविता की ओर विशेष ध्यान देने की आवश्यकता नहीं रह जाती।'[1] इस प्रसंग में मैं जोड़ना चाहूँगी कि सर का यह 'भन्नाना' केवल 'अतीतजीवी' या 'भविष्यजीवी' में ही नहीं 'वर्तमानजीवी' में भी उतनी ही तीव्रता से विद्यमान हो सकता है जितना कि दो वर्गों में। वर्तमान में जीना अपने-आप में एक बड़ा गुण है, क्योंकि वह जीवन का अन्तर्भेदन करने में समर्थ होता है, लेकिन इस जीने को 'भोगे हुए यथार्थ' का पर्याय बना देना और उसे हमेशा के लिए कवि-कर्म तय कर देना, न सिर्फ़ पूर्वग्रह है, बल्कि ख़तरे से लबरेज़ भी।

पन्त के उत्तरकाव्य को लेकर आधुनिक पाठकों, समकालीन समीक्षकों का सर इसी तरह से भन्नाता रहा तो उनका सही मूल्यांकन असम्भव होगा। कभी वे उसे कविता के क्षेत्र से बहिष्कृत कर देते हैं, कभी अगर कुछ रियायती दर पर उसके ग्राहक भी बनते हैं तो जैसे एक ऐसी 'वस्तु' (Content) के साथ एहसान कर रहे हों जिसकी कोई सामाजिक उपादेयता, या वैयक्तिक प्रमाणिकता नहीं है। गोया कि उसे स्वीकार कर वे उसके साथ भलमनसाहत कर रहे हों, क्योंकि 'बेचारे' पन्तजी किसी ज़माने में कवि रह चुके थे। यह इस तथ्य को सूचित करता है कि अध्येताओं के विशाल वर्ग का सर वर्तमान प्रतिमानों से भन्ना रहा है, और वे कविता के एक ख़ास तरह के काट को ही कविता मानते हैं, दूसरे को नहीं। इतिहास-क्रम में काव्य निर्मितियाँ इतनी बदली हैं कि कोई टेक्सचर/स्ट्रकचर' चाहे कितना ही अधिक मान्य क्यों न रहा हो, निर्णायक नहीं सिद्ध हो सकता। इसके पीछे कारण वही है कि सृजनात्मकता के आयाम इतना बदलते रहते हैं कि उसे

1. कविता के नए प्रतिमान पृ. 37-38

'भाव' से शुरू करते हुए 'बुद्धि' अथवा 'यथार्थ' पर ब्रेक लगाकर रोके रख सकना असम्भव है। भले ही हमारे संस्कारों को अभी यथार्थ झकझोरता है, इसलिए ऐसी ही कविता, कविता लगती है। लेकिन यह भी असम्भव नहीं कि जब वर्तमान का, भोग का दंश बहुत ज़्यादा झेल जाया जाए तो हम उसके व्यूह को तोड़कर किसी 'दृष्टि' या 'बोध' की आकांक्षा करें। भोग अगर 'दृष्टि' नहीं देता तो न तो समकालीनता वर्तमान झेलने की ताक़त देती, न उससे भविष्य ही निचोड़ा जा पाता है। सृजन के लिए दोनों ज़रूरी ही नहीं, अपरिहार्य हैं। अपने समय में चुक जाना कोई बड़ी सृजन क्षमता का प्रमाण नहीं प्रस्तुत करता। झकझोरने में ही रचना नहीं होती, बनने या 'होने' (being) में भी सृजन ही कार्यरत रहता है। कवि भीतर से जिस मात्रा में खुद बन पाया है, यथार्थ से जिस मात्रा में स्वयं 'निर्मित' हो पाया है, और उस निर्मिति को कविता में बदल पाया है उस मात्रा में उसकी रचना-धर्मिता का मूल्यांकन किया जाना चाहिए। लेकिन निर्मिति या निर्णय तब निरर्थक हो जाते हैं जब कि कृतियों को कविता के क्षेत्र से ही बहिष्कृत कर दिया जाता है। यह सुविधाजनक हो सकता है, पर सृजनात्मक आलोचना का विषय नहीं। 'कृति' कविता का नया रूप है, उसमें नई सृजनात्मक सम्भावनाएँ उभरी हैं, इस पहलू पर ध्यान देने में जितने श्रम की आवश्यकता है, उससे कहीं आवश्यकता है एक प्रकार के रूढ़ संस्कारों से मुक्त होने की। कविवर पन्त खुद जीवन के क्रिटिकल मोड़ों पर अपने को पूर्ववर्ती संस्कारों से मुक्त करते रहे हैं। 'छायावाद' से 'प्रगतिवाद' और प्रगतिवाद से 'चेतनावाद' कहकर उनकी काव्ययात्रा की 'माप' की जाती रही है।

यह 'चेतनावाद' है क्या अनुभव? इसे लोगों ने कथ्य के स्तर पर एक 'चीज़' (विषय) बना दिया है। चेतना भी क्या कोई 'वाद' पैदा कर सकती है? 'वाद' की शब्दावली दूर रखते हुए मैं उत्तरकाव्य कहना इसलिए पसन्द करती हूँ कि सन् '43 के बाद की कविता, जो उनके जीवन के उत्तरार्द्ध की कविताएँ हैं, में उनके कविकर्म और कविधर्म की एक निश्चित परिणति मिलती है, जो पूर्ववर्ती रचनाकाल के आत्मोल्लास, आत्म-संघर्ष और आत्ममन्थन का निचोड़ एक अमृत कही जा सकती है। अमृत के लिए छला देवता और प्रतिष्ठा-उत्सुक दानव दोनों ही संघर्ष करते रहे हैं। उसमें कुछ ऐसा गहरा अनुभव संजोया रहता है जो दोनों को पूर्णांक (Integer) बना देता है, फ्रैक्शन पर टिकने नहीं देता। 'अमृत' का कविकर्म भारतीय अस्मिता में जबरन उभरता या उमड़ता रहा है : जहाँ वह कवि और मनीषी की दुहरी भूमिका जीते-जीते 'ऋषि' बन गया है। यह मनीषा मात्र एक 'वाद' या 'दर्शन' (philosophy) भी नहीं होती जिसे कविता पर आरोपित कर दिया जाता है। न ही, मनीषा 'यूटोपिया' का निर्माण करती है। मनीषा कल्पना का सहारा ले सकती है, लेकिन अन्ततः वह एक 'दृष्टि'-प्रवाह, एक 'बोध'-सृजन

पर पहुँचती है। कविता अन्ततः सम्बुद्ध हो जाती है। इसलिए पन्त जी ने अपने ऐसे काव्य को 'बोध-काव्य' भी कहा है। 'बोध' यदि मौलिक हो, झेलकर पाया गया हो, तो उसके मौलिक काव्य-प्रतिमान भी खोजने पड़ेंगे, क्योंकि उस 'बोध' के पीछे सृजनरत प्रेरणा और अभिव्यक्ति को किसी पूर्व अनुभव या प्राप्त शैली पर कसने से कुछ भी हासिल नहीं होगा। हम कविता में वाचा का हाथ पैर मारते रहेंगे। ऐसी कविता में डूबने के लिए अतिरिक्त क्षमता की ज़रूरत होगी, जिसे काव्य के माध्यम से ही अर्जित करना होगा। कवि-वक्तव्य केवल उस दिशा में इंगित भर करते हैं।

तब, पन्त का यह 'उत्तरकाव्य' है क्या? इसमें 'चेतना' है—किस तरह की? 'बोध' है—किसका? उत्तर शब्द की कई व्याख्याएँ हैं, मैं उनमें से पन्त के सन्दर्भ में केवल 'अतिक्रान्ति' (transcandence) अर्थ पर बल देना चाहती हूँ क्योंकि 'भोगने' को अतिक्रम करके ही 'बोध' मिलता है, टूटने को भीतर से अतिक्रम करके ही 'चेतना' मिलती है। बाक़ी तो, चाहे नामवरजी द्वारा कथित अबोधताएँ हों, चाहे नए प्रकार की बौद्धिक जड़ता, किसी के बूते का न तो 'बोध' है न 'चेतना'। बोध के निकट पहुँचती हुई चेतना सम्पूर्णता (या Integral चेतना) पर पहुँचती जाती है। उस सम्पूर्णता से सब-कुछ घटा लेने पर भी वह पूर्ण ही बचती है—यह बोध तो उपनिषदकारों को भी था, किन्तु आज के संघर्षरत जटिल जीवन की प्रखर धारा का नाविक बनकर नहीं! पन्त ने अपने को 'मानवता के बोहित्य' को खेने वाले की हैसियत में ढाला है। आधुनिकता या समकालीनता का व्यामोह त्यागकर यदि ऐसा कोई कवि कर सके तो वरेण्य होना चाहिए, अप्रीतिकर नहीं। उसके अनुभव को आरोपित मान बैठना अपनी अहमन्यता या संस्कार की जड़ता का ही जयघोष है। इस जयघोष में उस 'छन्दहीन, शब्दहीन, स्वरहीन, भावहीन' स्फुरण—उन्मेष—प्रेरणा को सुन पाना तो दूर, देख पाना भी असम्भव है, क्योंकि युगीन रंगमंच पर युग-सन्दर्भ के दृश्यों में आँखें अटकी रहती हैं। इस पर्व को चीरकर इससे भी स्फुरन्त, ज्वलन्त और प्राणवन्त दृश्य देखे जा सकते हैं, इसे वर्तमान पर टकटकी लगाए रखने वाली आँखें नहीं समझ पातीं।

कविवर पन्त का स्फुरण कभी स्वरहीन, छन्दहीन झरना की तरह धारासार झरा है, कभी 'लपट' की तरह उन्मेषित हुआ है, या दृढ़ हिमालयी शिखर की तरह पृथ्वी पर से उठकर खड़ा हुआ है। यह प्रकाश और तरलता, इनकी विद्युतीय शक्ति कभी हमें स्तम्भित करके हमें अपना अतिक्रमण कराती है, कभी शोर को चुप्पी की स्थिति में पहुँचाकर भाव-स्वर-शब्द-छन्द' के अभिनव धरातल पर हमारे आतर चक्षु को खोलती है जहाँ से असीम नीलिमा से उमड़ते भारी सृजन-प्रपात जीवन पर, धरती पर उमड़ पड़ते हैं। उसे चारों तरफ़ से घेरकर कविता की एक 'सदानीरा' बहने लगती है जो अकुंठ है इसलिए सतत् सृजनशीला है :

तुम नहीं देख पाए!
छन्दहीन, शब्दहीन, स्वरहीन, भावहीन
स्फुरण, उन्मेष, प्रेरणा—
झरना, लपट,
आँधी!
नीचे, ऊपर सर्वत्र
बहती सदानीरा[1]
नहीं देखी तुम्हें?

इस जीवनधारा में, इस जीवन-चेतना में सब-कुछ समाया है : आकाश, समुद्र, धरती, पर्वत—सारा ब्राह्मंड!

आकाश नील तल,
समुद्र भँवर,
धरती बुद्बुद्, पर्वत तरंग हैं,
और वायु
अदृश्य फेन।[2]

इस 'सदानीरा' प्रेरणा की कविता में डूबना भागीरथ-प्रयत्न की माँग करती है। अपनी सृजन-प्रक्रिया में कविवर पन्त कभी-कभी (अन्तश्चैतन्य बिखेरने के बाद) ऐसे स्तर पर आ गए हैं जहाँ कवि प्रोफ़ेट में बदल गया है, और (उन्हीं के शब्दों में) 'मंचकाव्य' या 'प्रवचनकाव्य' पर वे उतर आए। यह ग़लती कबीर ने भी की, और भागवत के भावनुवाद की परम्परा निभाते हुए सूर ने, या निगम-आगम में निष्णात तुलसी ने भी। पर इससे उनकी अधिकांश कविता की गहराई त्याज्य नहीं हो जाती। यह भी सच है कि सूर, तुलसी, कबीर केवल कवि नहीं थे, भक्तकवि थे। उसी तरह श्री सुमित्रानन्दन पन्त उत्तरकाव्य में केवल कवि नहीं थे, कविर्मनीषी थे जिसकी कविता के बारे में प्रसादजी ने बड़ी गहराई और विस्तार से 'काव्य और कला' निबन्ध में दशकों पूर्व पूर्वाभास दिया था। इस दायित्व को स्वयं 'प्रसाद' ने 'कामायनी' लिखकर पूरा किया, और पन्त ने स्वर्ण-काव्यों की अतिमा सृजित करके 'कामायनी' और 'स्वर्णकाव्य' दोनों आधुनिक समीक्षकों की आँख की किरकिरी बने हैं। किन्तु इन दोनों के कवि-व्यक्तियों ने छायावाद से शुरू करके मानवता और सृजनात्मकता के न जाने कितने चेतना-बिन्दुओं और आयामों को, न जाने कितने दिक्-काल को छुआ है,

1. कला और बूढ़ा चाँद : सदानीरा, पृ. 155 (तृतीयवृत्ति)
2. वही, पृ. 156

आह्वान किया है, उद्धारित किया है, केवल बौद्धिक रूप से समझा नहीं है। इस तरह से 'समझना' सम्भव भी नहीं, उसका बोध ही पाया जा सकता है। वह बोध कृतियों को कालजयी बनाता आया है, और कवियों को भविष्यद्रष्टा; केवल आदिकालीन/मध्यकालीन/आधुनिक या समकालीन नहीं।

एक तरह से कविवर सुमित्रानन्दन पन्त के काव्य जीवन में 20वीं शताब्दी के क्रमिक चरण साकार हुए : 1900ई. में उनका जन्म बीसवीं शताब्दी के आगमन का सूचक बना। प्रायः अर्द्धशती तक वे जिस काव्यचेतना में विचरते रहे वह बीसवीं सदी के पूर्वार्द्ध का ही रूप है। बाद को इसी शती का उत्तरार्द्ध मथकर प्रकट हुआ है। बीसवीं सदी को भारत में केवल 'वैज्ञानिक युग', 'औद्योगिक युग' या Infomation technology का युग नहीं कहा जा सकता विज्ञान का पदार्पण अवश्य हुआ यहाँ, किन्तु इस देवभूमि ने औपनिषदीय मनीषा तथा वेदान्ती कर्म के उद्घोष सहित उसे स्वीकारा। यहाँ के लिए 'वस्तुवाद', भूतवाद, तर्क (न्यायशास्त्र), बौद्धिकता कोई ऐसे अजूबा अनुभव नहीं थे कि इन्हीं नारों से श्रवणशक्ति बहरी हो जाती। इनका वैभव हमारे विगत अनुभव का अंग रहा है। वैज्ञानिकता का बाहरी सन्दर्भ चेतना के अन्तर्विज्ञान को कुंठित कर दे—इससे बचने की सारी कोशिश बीसवीं सदी के शुरुआत में ही भारत की मनीषा ने की। पन्त कवि ने भी उसे झेलकर ही एक चैतन्य-बोध दिया, नई काव्य-सरणि बनाई। युगजीवन के जो नए मानवीय सन्दर्भ हैं वे भौतिकता में उलझकर मूर्च्छित/खंडित न हों, या खो न जाएँ, इसलिए भौतिक विज्ञानवाद के विष को युगमन्थन की अनिवार्य शर्त मानते हुए, उसे धारणा करने की सामर्थ्य उत्पन्न करने के लिए अन्तःचेतना का प्रशान्त, गम्भीर, अकुण्ठ शैव व्यक्तित्व पन्त के उत्तरकाव्य में आविर्भूत हुआ। यह पुरुषभाव प्रकृति के सारे लीला विलास—वाह्य और आभ्यन्तर—का भोक्ता बनकर विकसित हुआ है, केवल अनुमन्ता या आश्रय बनकर नहीं। कवि केवल भोगे हुए यथार्थ का कातर या निष्प्रभ साक्षी नहीं होता, इस देश की गौरवपूर्ण परम्परा में वह भोगने को गहरी अर्थवत्ता प्रदान करने के लिए चेतना की तेजस्क्रिय, मणियों का खोजी भी रहा है, जिसकी दीप्ति से युग-खंडों का अन्धकार कम हो जाता है या छँट जाता है। उसकी अतलताओं के ऊपर आ जाने से सारा युग-आलोड़न स्तम्भित होकर सागर की तरह गति-लय में बदल जाता है। युगद्रष्टा कवि सदा इसी सृजनभूमि की तलाश में रहा है। इसी सृजनचेतना से वह इतिहास को कालपुरुष की विवृत्ति में बदलता है। भले ही उसकी भाषा से लोग विद्रोह करें, उसकी विवृत्ति को काल्पनिक बताएँ, इसकी चिन्ता उसे नहीं सताती कि लोग उसे समादृत करें। वह जहाँ पर खड़ा है, वहीं से काव्य में सृजनरत होने को बाध्य है, इतिहास और भूगोल को चेतना के काव्य में परिणत करने के लिए विवश! निन्दास्तुति काल के प्रवाह में खो जाते हैं, रह

जाता है केवल काल के इंगित से समझा हुआ कुछ ऐसा 'बोध' जिसे केवल 'सम्वेदना' नहीं कहा जा सकता। यह मानवीय भाषा के लिए हमेशा ही दुष्कर रहा है, पर यह मानव की नई चेतना या सृजनात्मकता का काव्य रचने में हर युग में रत रहा है : केवल शब्दकाव्य नहीं, अर्थकाव्य भी नहीं, बल्कि शब्द और अर्थ के भीतर कुछ देखने वाली 'पश्यन्ती' वाणी की कोशिश।

कवियों के लिए क्या ज़रूरी है क्या नहीं, यह कभी तयशुदा बात नहीं हो सकती। एक ज़माने में 'भाव' के बिना कविता नहीं हो सकती थी, फिर आया भाव के साथ कल्पना के उन्मेष का ज़माना, बाद में दोनों तिरस्कृत हो गए, रह गई बौद्धिकता। 'विचार कविता' की भनक सुनाई देने लगी। आजकल सबसे बड़ी कसौटी है 'सम्वेदना'! इतने सारे दर्पणों में शायद पन्त की कविता ही देखी परखी जा सकती थी। किन्तु पन्त की सम्वेदना सह-अनुभूति के स्तर पर ही ठहरी न रहकर मर्म-चेतना के गहरे सृजनात्मक स्तरों पर उतर गई। इसलिए उसमें घर्षण की कर्कशता उतनी नहीं सुनाई पड़ती जितनी शान्ति, प्रीति, ज्योति, आनन्द की मधुरता, अन्धकार में चीत्कार की अपेक्षा प्रकाश के शिखरों के निर्वाक स्वर, मृत्यु की अपेक्षा जीवन के प्रपात या कोमल हरियाली भरे स्वर, पाश्विकता की जगर मनुष्य के देवत्व के शालीन स्वर। देवत्व, प्रकाश और जीवन से रहित 'मानव' का सम्वेदित रूप चाहे जितना ही तीखा हो, अधूरा ही कहा जाएगा। इसलिए, एक तरह से, पन्त के उत्तरकाव्य ने मनुष्य की सम्वेदना, भाव, विचार, कल्पना, बुद्धि सभी स्तरों पर उसे निखारा है, उसे अधिक पूर्णता प्रदान की है। सभी धरातलों पर इस कविता ने मानवीय अस्मिता को अन्तश्चैतन्य की भरपूरता दी है। यह कवि की बहुत बड़ी देन है जिसे आज युग-पीड़ित मनुष्य भले ही अनदेखा या अनसुना कर दे, परन्तु कल कालवीणा पर यदि ये ही स्वर बजने लगेंगे तो शायद हमें नहीं, पर हमारीं अगली पीढ़ी को याद आने लगे कि इस तरह की उत्तर-कविता 'रजत मानस के स्वर्णमराल/रश्मि दीपित कवि भाल' से उत्सर्जित हुई थी—भाव, विचार, सम्वेदना को अतिक्रान्त करते हुए सम्बोधि से।

काव्य-पुरुष की अबूझ मुद्राएँ

बीसवीं सदी के चरण रखते ही भूमिपात होकर जो कवि इस सदी की सीमा रेखाओं में जकड़ा न जा सके, उसे और उसकी कविता को समझना एक बड़ी समस्या है। इसीलिए कविवर पन्त अकेले रह गए—अपने बहुत निकट के लोगों द्वारा भी अन-पहिचाने : क्योंकि सबकी अपनी शताब्दी की भोगी हुई सीमा रेखाएँ हैं और उनसे अन्तःकरण में उबर न पाने की अक्षमताएँ। परिणाम ज़ाहिर है कि पन्त किसी के समानधर्मा नहीं हो सकते, इसलिए उन्हें समझना भी काफ़ी मुश्किल रहा है। व्यक्तित्व में इतनी अन्तर्मुखता रही है कि बाह्य आन्दोलनों का वे कुछ ही दूर तक साथ दे सके, उनकी आन्तरिक मूल्यवत्ता के प्रति या तो संदिग्ध हो उसे यह उनका पुनर्मूल्यांकन करने बैठे। अतएव किसी भी सम्प्रदाय में वे अन्तर्मुक्त न हो सके। अपने नितान्त स्वच्छन्द कवि-व्यक्तित्व के कारण वे किसी एक वाद की परिधि में भी अटके नहीं रह सके। छायावाद से शुरू करते हुए अन्त में वे जहाँ पहुँचे उसे चेतनावाद की संज्ञा उन्होंने स्वयं दी है। इन दो छोरों के बीच प्रगतिवाद (प्रगतिशील' कहना ज़्यादा ठीक होगा) के छोटे लेकिन तीव्र अन्तराल को समेटते हुए उन्होंने काव्य-सर्जना का जो वृत्त बनाया वह प्रेरणा के न जाने कितने स्रोत, रचनां शक्ति के न जाने कितने धरातल और अभिव्यंजना की न जाने कितनी मुद्राएँ अपनाए हुए है। उनके वाह्य व्यक्तित्व में चाहे जितनी ऋजुता रही हो, उनका कवि-व्यक्तित्व एक सीधी रेखा में नहीं चला, वक्रगति (curfre) में भी नहीं अर्थात् एक कमोबेश निश्चित उतार-चढ़ाव में नहीं। वह अपनी कुण्डली खोलता गया है वर्तुलाबार चक्रायन की उत्तरोत्तर चढ़ती हुई मुद्रा में : यदि ठीक-ठीक कहना ही चाहें तो Spiral में। इसलिए एक भावभूमि को छोड़कर दूसरे का वरण नहीं, वरन् सारी भावभूमियों में रमते हुए, उन्हें छोड़ते और छोड़ते समय आत्मसात किए हुए अंश का एक-दूसरे में समीकरण है। अनुभूतियों के इस 'ऑरकेस्ट्रा' में गन्धर्वलोक से पृथ्वीलोक तक के स्वर होंगे, अभिव्यंजन में आस्वादन के कई स्तर। और सबके अन्तर्मन्थन के बाद 'अमृत' के लिए सतत् प्रयत्नशीलता और उसकी सचेत प्राप्ति उनकी काव्य ऊर्जा का 'विस्फोटक' नहीं पर आन्तरिक रूप से बेहद तीव्र और मधुर झंकृतियाँ (Vibrations) पैदा करती

है। वैज्ञानिक और प्रकृतिवादी मनोभूमियों में निवास करने वाला बीसवीं सदी का मानस यदि वैदिक कवियों जैसी चैतन्य की अन्वेषी दृष्टि को अविश्वास या हलकेपन से देखे तो आश्चर्य नहीं। युगमन्थन में विष को ही पहचानने से 'अस्तित्व' की ध्वंसात्मक भूमिकाओं से आगे बढ़ पाना असम्भव है। गरल तो सबके हिस्से में पड़ता है, उसे धारण करते हुए भी चन्द्रोपम अमृत जो दे सकता हो वही इस शती का उत्तराधिकारी कवि है। निश्चय ही सुमित्रानन्दन पन्त ऐसे कवि हैं। छायाकाल में सौन्दर्य की अतिशय विह्वलता को 'युगवाणी' में यथार्थ की विपन्नता से उद्विग्न हो उन्होंने त्याग दिया, पर अन्त में चेतना के रजत शिखरों पर चढ़कर उन्हें दोनों दृष्टियाँ एकांगी लगने लगीं और वे भूत तथा अध्यात्म का सौन्दर्य के माध्यम से समीकरण करके लोक के लिए एक नई मनस्-भूमि रचने में लगे रहे, जो अपने स्थूल रूप में असिद्ध रहकर 'लोकायतन' महाकाव्य के 'सुन्दरपुर' में कवि वंशी के इर्द-गिर्द अभिव्यक्त हुई। सुन्दर का पल्ला पन्त नहीं झाड़ सके, क्योंकि यही कविता को कालातीत ऊर्जा देता है। उसकी वस्तु 'देश' की चाहे जितनी ही स्थितियों को समेटे उसके दृष्टिनिक्षेप में यदि सौन्दर्यक्षमता नहीं है तो वह कालजयी नहीं हो सकती। इसलिए 'दिक्' के ऊँचे-नीचे कई उतार-चढ़ाव पर उतरते-चढ़ते उन्हें कालचक्र में संग करते हुए कवि ने 'अन्तर्मानस' की धुरी से जिस रचना को निक्षेपित किया वह आने वाले समय में अपनी कुछ कुण्डलियाँ खोलेगी, जैसा कि किसी भी बड़े कवि के साथ होता है। इन्द्रियों के रूप, रस, गन्ध, स्पर्श के छायाकालीन वैभव को चैतन्य के अनखोजे प्रदेशों की ऊष्मा, प्रकाश आनन्द में समोकर इन्द्रियानुभव को चैतन्य और चैतन्य को इन्द्रियमय कर गया उनका वाक्‌देवता। उनकी वाणी कभी बूढ़ी नहीं हो सकी। अपनी कलात्मकता में शिथिल चाहे बीच-बीच में हुई हो। जिस 'भावपथ' की यात्रा उन्होंने की वह 'शाश्वत वसन्त', अनन्त तारुण्य', 'अनिन्द्य सौन्दर्य' की पहरेदारी में की गई यात्रा थी। यह नहीं कि यात्रा में पतझर नहीं आए, लेकिन उसे एक भावक्रान्ति बनाकर उन्होंने रूपान्तरित कर लिया। यह नहीं कि तारुण्य में बूढ़ापन नहीं आया लेकिन उसे कला के निर्जर स्रोतों में अवगाहन करवाकर उसका कल्प करते रहे। यह सब इसलिए सम्भव हो सका कि उनकी 'भावनासखी' या कविता दो चीज़ों अशुभ और असुन्दर के अतिचार से मुरझा जाती है। उसके लावण्यनिर्झर में नहाते हुए कवि ने शपथ की :

शपथ!
अशुभ न करूँगा,
असुन्दर न वरूँगा,
तुम मुरझा जाती हो!

ओ भावना सखी,
तुमने मुझ पर
सर्वस्व
वार दिया!
मैं दूसरों पर निछावर हो सकूँ!
प्रीति चेतने,
जीवन सौन्दर्य
तुम्हारी छाया है!
बिना स्पर्श
निर्जीव निष्प्राण
हो उठता![1]

उनमें महाप्राणता नहीं, लेकिन प्रीतिचेतना की गूढ़ सूक्ष्मप्राणता है, सौन्दर्य—सम्मोहन है, और यह वंशी की तरह शताब्दी की रिक्तता में मधुर स्वप्न उत्पन्न करती रही है। यही इसकी महिमा है, यही सार्थकता। इससे भिन्न किसी चीज़ की माँग करना अनुचित होगा।

इसका एक बहुत बड़ा कारण है : ग्राम, नगर, महानगर में रहते, जाते हुए भी वे इनकी स्थूल चेतनाओं से कभी आक्रान्त नहीं हुए। अभिभूत होना तो दूर। वे निसर्गपुत्र थे, कूर्मांचल को उन्होंने धातृ पितृ दोनों कहा है। उसके हरे प्रसार, नीले उच्छाय, सुनहली गहनाएँ उनकी कवि 'दृष्टि' और मानस की पर्याय बनी रहीं। लालित्य का सतत् छन्द, शील सौमयता का अप्रतिहत आ ार, मधुरिमा का निर्बाध निर्झर और हार्दिकता, आस्तिकता का अंकुण्ठ स्रोत उनके व्यक्तित्व में प्रकृति के साहचर्य से संस्कारबद्ध होकर आया और जीवन की विद्वगधता के बाद भी बना रहा। इस शती का अभिशाप अन्तःस्फुरण रहित यान्त्रिकता है, मानवीय उदात्त भावों का अपहरण और दृष्टि का संकुचन है। उनकी धातृ 'प्रकृति' ने उन्हें इन प्रभावों से सप्तक रखा और उन्हें काव्य की नई अन्तश्चैतन्यमूलक भूमिका देते हुए आत्मरिक्तता से बचाए रखा। इसलिए सुमित्रानन्दन पन्त का कवि-व्यक्तित्व/नितान्त अभिराम, सुहृद-सुकोमल, अन्तर्मुख अथच भूप्रेमी, गूढ़ मननशील अथच सौन्दर्यद्रष्टा बना रहा। वे 'ममाखी' बनने में अपने कविकर्म की सार्थकता पाते हैं। जिस 'मधुछत्र' का सृजन करना चाहते हैं उसमें मधुपायी उड़ान के साथ-साथ युवकों के स्वर्ग, मानव हृदय की करुणा ममता, मिट्टी की सोंधी गन्ध से भरा प्रेम का अमृत हैं, ये ही उनके प्राणों के रस-स्रोत हैं, कविता के भी :

---

1. कला और बूढ़ा चाँद (तृतीय संस्करण); भावपथ, पृ. 101

वह मधु की गहरी परख,
मैं भी मधुपायी उड़ान भरूँगा!
मानवता की रचना
तुम्हारे छत्ते-सी हो!
जिसमें स्वर्गफूलों का मधु,
युवकों के स्वप्न,
मानव हृदय की
करुणा ममता—
मिट्टी की सोंधी गन्धभरा
प्रेम का अमृत,
प्राणों का रस हो।[1]

कविवर पन्त एक ऐसे संक्रान्तिकाल में जीवित रहे जिसमें जीवन-वास्तव और मनुज आत्मा का सत्य एक-दूसरे के साथ आँख-मिचौली खेलते रहे। इन्हें मूर्तित करने, संयोजित कर वाणी देने में उनका 'शिल्पी' कभी-कभी अपने को असमर्थ-सा गाता है :

किन्तु मुझे सन्तोष नहीं अपनी कृतियों से।
नित्य नए रूपों रेखाओं में जगती तो
दिव्य मूर्ति मेरे मन की आँखों के सन्मुख
उसे अभी मैं बाँध नहीं पाया हूँ अपनी
शिल्पकला में[2]..............................

पर उनका अभिनव चेतन कला में मूर्तित होने को उत्सुक रहा :

वाह्य क्रान्ति ही मात्र नहीं यह भौतिक युग की,
बदल रहा अन्तर का भी आदर्श साथ ही;
आज कला को अभिनव को कल्पित करना है,
मिट्टी की जड़ता में फूँक सके जो जीवन।[3]

अपनी वाणी में ह्रास, विनाश, सन्त्रास के युग में वे मिट्टी की जड़ता में जीवन फूँकने में जुटे रहे। अशुभ के बीच इस शुभाकांक्षा के कारण कभी-कभी वे 'मंचकाव्य' या 'प्रवचनकाव्य' तक पर उतर आए। पर कुल मिलाकर इस युग की

---

1. कला और बूढ़ा चाँद (तृतीय संस्करण); (मधुछत्र), पृ. 24-25
2. शिल्पी
3. वही

अस्मिता के विकास में उनकी कविता का निश्चय ही भारी योगदान रहेगा।

कवि को वेद में ऋषि के साथ स्मरण किया गया, स्रष्टा को द्रष्टा के साथ। अर्थात् 'दृष्टि' के बिना सही रचना या 'सृष्टि' चाहे कविता में हो या स्थूल जगत में यानी 'वस्तु' के नितान्त जड़ निरूपण में, सम्भव नहीं। इस सृष्टि में स्रष्टा की 'दृष्टि' अन्धी हो गई प्रतीत होती है किन्तु वस्तुस्थिति यह है नहीं। कवि स्रष्टा की 'दृष्टि' वहाँ भी ढूँढ़ निकालता है, उसकी 'आँख' जो वस्तु वस्तु में बिछी है : दबी, अधखुली या कभी-कभी पूरी खुली। और तब कवि के लिए वस्तु जगत का प्रत्येकं रूपाकार, वस्तु व्यापार किसी शिल्पी की तरह, प्रतिमा के मूर्तन की प्रक्रिया में दीप्त हो उठता है, जैसे कि जड़ आँख में रोशनी जल उठे और वह अपने को पहचान जाए! भौतिक जीवन में यह 'दृष्टि' उसके उतार-चढ़ाव, क्रिया-प्रतिक्रिया, घटना के क्रम या उपसंहार के रूप में खुलती है। जब जीवन मात्र यान्त्रिक क्रियावादिता, या प्रतिक्रियावादिता या घटनाप्रवाही न रहकर रचनात्मक बन उठता है, जैसे कि सारी टकराहट से एक रोशनी जग जाए, घटनाओं के धारासार प्रवाह से एक विद्युत-ऊर्जा खुल जाए जीवन में, और वह जीवन को देखने की रोशनी बन जाए। यही 'अस्तित्व' की माँग है। पश्चिम में अस्तित्व का 'भोग', ऊब, उबकाई (Nausea) या शून्यता (Nothingness) पर ले आता है। भोग की अतिरिक्त वांछा इन्हीं नतीजों पर पहुँचती है। यह भोगतन्त्र है जो अधिकाधिक शक्ति की तलाश में जीवन की नकारात्मकता तक पहुँच जाता है : वस्तुवादिता के मोहभंग तक। वह जीवन को विस्फोट और जगत को मशीन बना डालता है : प्रकृति-विज्ञान की सारी शक्ति खर्च कर देने के बावजूद। अस्तित्व में इस बिन्दु पर पहुँचना नई शुरुआत के लिए ज़रूरी है—उसके लिए जो बुद्धिजीवी और सुविधाजीवी रहा है। बुद्धि के प्रतिरोध और सुविधा की जड़ता का साक्षात्कार किए बिना उसके अतिक्रमण की बात ही नहीं उठती। बुद्धि से परे, मनस से परे कोई सम्बोधि है या अतिमानस् है इसे वह क्या जान सकता है जिसने बुद्धि के वाग्जाल में ही जीवन जिया हो? वह तटस्थ बुद्धि के सोपानों तक कभी पहुँचता ही नहीं, आशाओं एषणाओं के निरन्त घात-संघात में फँसा जीवन चुका डालता है। तथाकथित हृदयजीवी भी जीवन में निरस्त हो जाता है, चुक जाने की नौबत तक पहुँच जाता है। अर्थात् जीवन या अस्तित्व की सर्जनात्मकता, दोनों से ओझल रहती है। सृजन की क्षमता न तो बुद्धि के दर्पण के पास है चाहे वह जितना ही दमकता हो, न जीवन के लुढ़कते गलते ढेलों के पास चाहे वे जितना ही चोट खाएँ। ऊर्जा का स्पन्दन कहीं और है : बुद्धि के घटाटोप में दबे अतिमनस् के स्फटित में, और जीवन के प्रवाह में घंसे, गर्दन में अटके अरुण कमल में। एक है प्रज्ञा, केवल बुद्धि नहीं, वह सम्बोधि की अतिमा शक्ति है जो चराचर को दीपित, स्पन्दित और संजीवित करती है : सूर्यचक्षु की तरह। दूसरा है श्री का

प्रस्फुटन जो जीवन को निष्कलुष और सुवासित करता है। यह अतितन्त्र जीवन का नया नियमन, संयमन ले आता है जो न भोग की अकांक्षा ला सकती है न ऊब का वैराग्य। भोग और ऊब द्वन्दात्मक स्थितियाँ हैं, दोनों असन्तुलन बनाए रखते हैं और अतिवादी दृष्टि पर पहुँचकर जीवन की शक्ति क्षरित कर डालते हैं। जीवन की शक्ति बनाए रखने का अर्थ है जीने की सर्जनात्मकता बनाए रखना, सारे घात-प्रतिघात के बीच अपनी दृष्टि जगाए रखना और ऊर्जा के छन्द उन्मुक्त किए रहना। यह सम्भव है अन्तर्चेतना से जो पन्त के चेतनावादी काव्य में दृष्टि के स्तर से लेकर सृष्टि के स्तर तक प्रवाहित है। जीवन कवि को बहुत प्रिय रहा है। उसी को जीते रहने पर समय-समय पर या अवधि-विशेष में जो दृष्टि उन्हें मिली वह उनके रचनाकाल को विविध तथाकथित 'वादों' में अपने को पकड़ाने के लिए विवश हुई। जीवन की स्वप्निलता और हार्दिक भावुकता से छायावाद की, विषमता और बौद्धिकता से प्रगतिवाद की, तथा अन्त में, इन दोनों की सृजनक्षमता की अपरिपक्वता से भिज्ञ, कवि ने चेतनावाद की दृष्टि पाई। यह चेतना सामान्य चेतना नहीं है जो कभी स्वप्लिन या तन्द्रिल हो जाए, या कभी उद्विग्न या द्रोही। द्रोह या तन्द्रा दोनों ही सृजनक्षम नहीं होते। एक में मोहभंग है दूसरे में आत्मोह। मोह सृजन की शक्ति नहीं है, तटस्थ हुए बिना सृजन सम्भव नहीं होता, वह रचना की पटभूमि है, निरभ्र आकाश की तरह, निश्चल झील की तरह। यह तटस्थता सृजन-दृष्टि का उन्मीलन है। दृष्टि के साथ चाहिए सृष्टि, तटस्थता के साथ वेग, प्रज्ञा के साथ ऊर्जा। प्रज्ञा और ऊर्जा का युगपत् सम्मिलन है 'चेतना' या चित्‌शक्ति जो 'अव', 'अति' सारी बाधाओं से रहित जीवन के अन्तराल से फूट पड़ती है। जीवन की सतहों को भेदकर देख सकने पर, उसकी गहराई से अनाम उत्स की तरह वह 'सदानीरा' उछलकर सतह पर बहने लगती है। वह जीवन की असीम अनन्त नदी है, सर्वत्र है : जीवन को सब तरफ़ से घेरे हुए 'बिना तीरों की नदी'।

मानव चेतना की जिस असाम्यावस्था में हम जी रहे हैं उसकी ओर हमारा ध्यान तो गया है, कभी-कभी भीषण रूप से ध्यान जमा है, किन्तु इस द्वन्द्वात्मक मनोभूमि में गहरे उतरकर उसकी निश्चल नीरव गहराइयों से चेतना के दीप्त रत्नों को खोज पाना, खोज ही नहीं पाना, उन्हें सतह पर उलीच लाना अपने-आप में एक दुर्गम और दुःसाध्य साधना है। जो युग मानवचेतना की विषमता की पीड़ा में ही व्यस्त रहकर स्पन्दित हो रहा है, अथवा उस चेतना के सारे वाह्य सम्बन्धसूत्र टूट जाने के कारण संकुल मानव समाज में अपने को अजनबी या टूटी विच्छिन्न इकाई के रूप में महसूस करने लगा हो, उस युग में 'काम' के धरातल पर नवीन जीवित सत्यों का उद्‌घाटन और स्थापन स्वयं उस कवि को पूरे स्थापित अनुभव में या तो बहुत-कुछ अनजाना बना डालता है, या उसे

पलायनवादी यूटोपियन घोषित करवा देता है। महाकवि सुमित्रानन्दन पन्त का यही दुर्भाग्य रहा है कि उनका उत्तरकाव्य लोगों की पकड़ से छूट छूट जाता रहा है। बुद्धिवादी युग में या तो लोग उसे किसी-न-किसी दर्शन से जोड़कर आकलित करने की ओर प्रवृत्त हुए, या सम्पूर्ण अनास्था के साथ उसे स्वप्नसंसार कहकर बर्ख़ास्त कर दिया, या अगर कुछ समझने लायक़ मनःस्थिति में पहुँचे भी तो उन्हें मानवीय 'शुभाशंसा' का कवि कह दिया। शुभाशंसा (good wishes/will) अपने-आप में कोई सक्रिय तत्त्व नहीं है, शुभाशंसी कवि अपने व्यक्तिगत अन्तर्जगत में सुलझा हो सकता है पर समाज की जटिल मनोभूमि पर उन आशंकाओं को विश्वसनीय करने में असफल भी हो सकता है। कवि का यह काम भी नहीं है कि वह सामाजिक धरातल पर अन्तर्सत्यों की प्रतिष्ठा करें, समाज अपने-आप जब विषमता की पीड़ा को भरपूर झेल लेगा तो उसे प्रतिष्ठित करने की ओर अग्रसर होगा। मार्क्स के भौतिक साम्यवाद की प्रतिष्ठा स्वयं मार्क्स ने किसी देश में नहीं की थी, राजनीतिक क्रान्तियों ने ही किया था। उसी तरह क्रान्तद्रष्टा कवि का (यह शब्द अन्तर्जगत भी विराटता और जटिल सूक्ष्मता को देखते हुए बहुत सपाट लगता है), चेतनावाद शब्दरूप में ही बीज ग्रहण कर सकता है। उसके प्रयोग की भूमि स्वयं मानव का व्यक्तिगत और सामूहिक चैतन्य-जगत है। पर इस तरह की कविता की 'सार्थकता' की जो बात उठती है वह भी विचारणीय है। सार्थकता का प्रश्न हमारी वर्तमान चेतना के अनुभव से जुड़कर नई भावक्रान्ति के घटित होने से जुड़ा हुआ है। लोगों को पन्त का चेतनावादी काव्य वर्तमान चेतना से अधिकतर कटा हुआ महसूस होता है। इसमें दो कारण हो सकते हैं : एक तो यह कि जिस 'भावक्रान्ति' को कवि ने अपने चेतनावादी काव्य में उपस्थित किया है वह उसे मानवचेतना की वर्तमान घात-प्रतिघात वाली स्थिति से बहुत आगे की लगती है। वर्तमान मानवचेतना कवि को पतझर की अवस्था में दिखलाई देती है, जीर्ण झरते हुए पत्तों के बवंडर पर ज़रूरत से ज़्यादा ध्यान देना कवि अनिवार्य नहीं समझता। दूसरा कारण यह हो सकता है कि युग जिस भौतिक विज्ञानवाद से आक्रान्त है उसके कारण हर वस्तु की बाहरी ठोस रूपाकृति देखना चाहता है, यहाँ तक कि चेतना की सूक्ष्म रूपरेखाओं को भी वस्तुवादी ढंग से पकड़ना चाहता है, अन्यथा उस पर विश्वास नहीं करता, यूटोपिया या 'स्वप्न' मानता है अर्थात् जाग्रत चेतना में अघटनीय समझता है। प्रत्युत्तर में कहा जा सकता है कि रूपरेखाओं के बिना रूपाकृति तक उतरा नहीं जा सकता, और ठोस रूपाकृति हर की आन्तरिक सम्भावनाओं को अपने-अपने ढंग से रूपायित नहीं होने देती। चेतना की अनन्त छवियाँ अपनी बहुरंगी रूपरेखाओं में ही मूर्त हो सकती हैं, 'अर्थ' के धरातल पर साम्य धारण करने वाली 'वस्तुओं' की समरूपता बनकर एक 'तन्त्र' या निकाय धारण करके नहीं। अन्तर्चेतना जब

सामाजिक रूप में प्रतिष्ठित होने की ओर उन्मुख होती है तो उसका तन्त्र न बनकर 'आयतन' ही बनता है—एक विराट लोक या मण्डल (Sphere) जो अपने में हर कोण, हर स्तर धारण करता हुआ उन्हें विस्तृत करता जाता है, तराशता जाता है, उन्हीं के बाहरी-भीतरी आयाम उभारता चला जाता है, उन्हें परस्पर संगुम्फित करता चलता है; और इस तरह एक सम्पूर्ण नई 'रचना' करता है। यह बाहरी जगत की सृष्टि न होकर अन्तर्जगत की सृष्टि है—पुनर्रचना न होकर एकदम नई सृष्टि जो अभी हमें अपरिचित लगती है, क्योंकि हम मौजूदा उपकरणों के परम्यूटेशन कॉम्बिनेशन के कम्प्यूटर से पुनर्रचना करने के आदी हैं। इसी रूप में हम किसी वस्तु या भाव को समझ पाते हैं। किन्तु 'क्रान्ति' चाहे वह वस्तुवादी हो या भाववादी कभी पुनर्रचना नहीं हो सकती, एक तरह से नई सृष्टि ही होती है। और चेतना की क्रान्ति पहले अन्तर्जगत में उपस्थित होती है तब बाहरी जगत में प्रतिष्ठित। इसलिए हम प्रकृतवादी की तरह पहले उससे वस्तुवादी रूप धारण करके अपने को प्रमाणित करने की माँग नहीं कर सकते। बल्कि यदि हमारा दृष्टिकोण सचमुच वैज्ञानिक है तो हम अन्तर्जगत में 'प्रयोग' के धरातल पर उसके सूत्रों को ग्रहण करके उसकी प्रामाणिकता या अप्रामाणिकता के सम्बन्ध में कुछ कह सकते हैं, उसके पहले नहीं। उसके पहले कुछ भी कहना वाचालता होगी या बचपना। और हमोर समकालीनों में से बहुतों ने इस 'वाचालता' का अस्त्र के रूप में उपयोग करके युगचेता कवि को निरस्त्र कर देने का उपक्रम किया था। अथवा बुद्धिगत बचकाने ढंग की बातें करके या तो अपने चेतनागत् बौनेपन का परिचय दिया है या दृष्टि की गम्भीरता अर्जित करने के प्रयास को वे बचा ले गए हैं। इसलिए पन्त का चेतनावादी काव्य अपने युग में बहुत ही कम समझा-परखा गया है। लेकिन जिस तरह 'निराला' में आगे आने वाली प्रगतिशील कविता ने अपना 'मसीहा' दशकों बाद खोज निकाला, उसी तरह पन्त में आगे आने वाली चेतन-कविता शायद अर्द्धशताब्दी बाद अपना पुरोधा खोज निकालेगी। चेतना की प्रगति हमेशा ज़्यादा विलम्बित होती है क्योंकि वह ज़्यादा सूक्ष्म और ज़्यादा जटिल होती है। उसकी प्रक्रिया केवल द्वन्द्वात्मक नहीं होती, समतल धरातल पर व्यक्त होने वाली; बल्कि तीन, चार या अनन्त कोणात्मक होती है, समतलीय न होकर अन्तर्मुखी, ऊर्ध्वमुखी, अधोमुखी, बहिर्मुखी होकर न जाने कितने तलों का साम्य खोजती है। इसलिए पन्त का 'काम' के धरातल पर खोजा गया चेतनावादी साम्य, 'अर्थ' के धरातल पर खोजे गए वस्तुवादी साम्य से कहीं गूढ़, कही जटिल है। उसे खोलने (Unfold करने) और पहचानने में कई दशकों की यात्रा करनी पड़ सकती है।

संक्रान्तिकालीन नव मूल्य-बोध : 'लोकायतन' की रस-संस्कृति

मानवता जिस संक्रान्ति युग में खड़ी है, उसमें, आधुनिकता की माँग के सन्दर्भ में, भारत की जातीय भावना का कुछ योगदान हो भी सकता है या नहीं? यदि हो सकता है, तो क्या वह महत्त्वपूर्ण होगा, या बस यों ही कुछ निरर्थक-सी बात होगी? कविवर पन्त ने अपने 'लोकायतन' में, एक संक्रान्तिकालीन स्थिति को युग की नहीं, समूची मानव-चेतना की संक्रान्ति का काल माना है। और इस संक्रान्ति काल में भारतीय जाति के विशिष्ट नायकत्व में गहरी आस्था व्यक्त की है। वह नायकत्व औद्योगिक, तकनीकी आदि नहीं है—मनुष्य के बुद्धि-विलास पर आधारित अस्तित्व का कुछ अन्य नया योगफल नहीं, बल्कि मानव व्यक्तित्व का एक नया चौथा आयाम-गहराई का—जो अन्तश्चेतना पर आधारित, उससे प्रेरित, संचालित राग-चेतना के नाम से समझा जा सकता है। इस युग में किसी भी राष्ट्र का जातीय योगदान सम्पूर्ण मानवता के लिए भी महत्त्व रखता है, क्योंकि अब राष्ट्र विश्व से कटकर न तो अपना कोई महत्त्व रखता है, न सार्थकता। इस वैज्ञानिक युग में जबकि पश्चिम के प्रकृति-जय की पताका फहरा चुकी है, उस आतर्क्य सामर्थ्य के सामने भारत अपनी किस कीर्ति को लेकर उपस्थित हो सकता है? पश्चिम की उस दुर्दम भौतिक शक्ति के समानान्तर यदि किसी शक्ति को भारतवर्ष मूर्त कर सकता है तभी उसे अपनी निजी विशिष्टता का प्रतिपादक माना जा सकता है, अन्यथा नहीं। वैज्ञानिक युग के साथ जो आधुनिकता समाज के बाहरी परिवेश में आई है वह पश्चिम की ही देन है। आधुनिकता के नाम पर, प्रगति के नाम पर, हम जिन भौतिक और मानसिक तत्त्वों का यहाँ साक्षात्कार कर रहे हैं वे प्रकट या प्रच्छन्न रूप में पश्चिमी प्रभाव से आक्रान्त हैं। साहित्य में आधुनिकता की चर्चा करते हुए हम कुछ दिनों पहले मनोविश्लेषण की अनुरागमयी व्याख्या करते रहते हैं और अब अस्तित्ववाद की, या और जो कुछ भी आता चला जाता है। अवचेतन, उपचेतन लोक अथवा जिजीविषा की विकृत, भयावह, विकलांगता का दर्शन करना ही आज की आधुनिक भावात्मक चेतना का

पर्याय-सा बन गया है। स्वयं पश्चिम इन खोजों से ऊब रहा है, जैसा कि उसका स्वभाव है—प्रयोग और प्रयोग का शीघ्र तिरस्कार। किन्तु आश्चर्य का विषय यह है कि भारत में आधुनिकता के नाम पर पश्चिम से आयात विचारों, प्रेरणाओं में अभी तक तीव्र आस्था मिलती है—चाहे प्रेरणाएँ सामाजिक हों या व्यक्तिगत। दुनिया के दूसरे कोने में व्यक्त हो रही भावधाराओं को समझना और कुछ ग्रहण करना और बात है उससे आक्रान्त होना दूसरी। भारत के लिए विचार-जगत् और भाव-जगत् में इस आक्रान्ति के अतिरिक्त और कोई निष्कृति नहीं है क्या? क्या भारतीय मनीषा के पास आधुनिक युग के सन्दर्भ में देने लायक़ कुछ भी शेष नहीं बचा है? क्या उसकी विचारशक्ति पूरी तरह मृत हो चुकी है? या अब भी उसके रक्त में कोई एक ऐसी जिजीविषा है, ऐसी गहरी कसक है जो अपने स्वत्व से न केवल अपने लिए बल्कि पूरी मानव जाति के लिए मानव-मूल्य दे सकती है। पन्त के मत से भारत के रक्त में एक संचित तंत्त्व है जो आधुनिकता के सन्दर्भ में नया रूप-आकार धारण करके, विराट मानवता के सामने सुदीप्त होकर खड़ा हो सकता है—वह है उसकी रागात्मक चेतना। यह चेतना अब तक इतनी आत्म-केन्द्रिक, इतनी आत्मस्थित रही है कि उसका सामाजिक या व्यापक सन्दर्भ दृष्टिगत न हो सका। किन्तु अब जब सारे पुराने मानव-मूल्य व्यक्तिगत और सामूहिक जीवन में विघटित हो रहे हैं, तब निश्चय ही भारत के जातीय मन्त्र को लेकर एक बार मानवता के व्यापक धरातल पर प्रयोग किया जा सकता है। इस मन्त्र को लेकर बीसवीं शताब्दी के काव्य-जगत में आना कविवर पन्त का साहस ही कहा जाएगा—इस युग में जबकि जीवन और कविता के लिए भाव-जगत् का कोई महत्त्व नहीं रह गया, जबकि बौद्धिकता, चाहे वह कितनी ही लड़खड़ाई हुई हो, कुण्ठित हो, आज का गुरुमन्त्र समझी जाती है।

पर इसी बौद्धिक युग में यह भी सत्य है कि वायुयान में बाहर उड़ता हुआ तन मन से अभी कुण्ठाग्रस्त है, मुक्त नहीं है। अन्तर्मन प्रस्तर युग की आदिम स्थिति से बहुत भिन्न नहीं हो सका। राग-द्वेष, हिंसा, स्पर्द्धा, घृणा, स्वार्थ, कुण्ठा, भय आदि निचली वृत्तियों में मानवता का संक्रमण निश्चय ही गौरवशाली नहीं कहा जाएगा। अर्थ और काम की पाश्चात्य सभ्यता से चकाचौंध भले उत्पन्न हो गई हो, वह व्यवस्था मानव-चेतना को किसी सधे बिन्दु पर लाकर खड़ा नहीं कर सकी—प्रगतिशीलता का अर्थ मात्र चलना ही हो तो बात और है। सब-कुछ असन्तुलित, विकेन्द्रित और एक-दूसरे को छोड़कर भाग निकलने की कोशिश में है। ऐसी स्थिति में किसी निगूढ़ अन्तःसंस्कार की अनिवार्यता आ खड़ी हुई है। यह भी प्रत्यक्ष है कि ऐसा कोई भी संस्कार अनुपस्थित है। ऐसे बिन्दु पर कवि का मत है कि यदि किसी नई क्षमता से भूषित नया मनुष्य पनप सके तो निश्चय ही मानव-जाति का व्यापक कल्याण होगा। उसका निःसंशय मत है कि

राग-चेतना का विकास ही कोई नई आन्तरिक क्षमता दे सकता है। उसी के विकास से मानव का चतुर्दिक विकास और उसकी आन्तरिक प्रगति सम्भव है। ज्ञान-विज्ञान से मानवता का बाहरी प्रासाद निर्मित हो सकता है, उसके अन्दर गुहावासी आदिम प्रवृत्तियाँ प्रकाश नहीं उत्पन्न कर सकतीं। बाहरी भव्यता और सौन्दर्य के अनुरूप अन्दर भी भव्य और शोभामय प्रकाश चाहिए।[1]

इस सुसंस्कृत राग-चेतना का आवाहन प्रसाद ने 'हृदयसत्ता का सुन्दर सत्य' कहकर श्रद्धा के माध्यम से मानव संस्कृति के बीजारोपण में किया है। बहुत-कुछ वैसी ही अनिवार्यता विज्ञान युग में पन्त ने महसूस की है। बौद्धिकता से मन का विश्लेषण हो सकता है, चेतना की पर्तों को उखाड़कर बहुत-कुछ देखा जा सकता है। पर उसके मन का संस्कार नहीं किया जा सकता। मन के संस्कार के लिए, कवि के अनुसार, शोभा में मूर्त राग-चेतना की ज्योति अपेक्षित है। भौतिक युग में बौद्धिकता के अति आग्रह से मानव विकास एकांगी हो गया है।[2] उसका सर्वांग उन्नयन अपेक्षित है।

यह सर्वांग उन्नयन है क्या? कवि की बाह्य दृष्टि में आर्थिक सामाजिक, सुव्यवस्था तो है ही, अन्तर्दृष्टि में उसके समग्र व्यक्तित्व—देह, संवेग, मानसिक विचार—के बदलने का प्रश्न महत्त्वपूर्ण हो उठा है। इसे वह भूमंगल के लिए अपेक्षित मानता है, नहीं तो व्यक्ति में निजी अराजकता और विश्व में युद्ध की स्थिति बनी रहेगी। देह और मन का सम्वर्धन बहुत-कुछ हृदयहीनता की दिशा में हुआ है। हृदयहीनता हिंसा को जन्म देती है, मनुष्य प्रेरणाशून्य बनकर स्थितियों का दास बन जाता है।[3] आत्मा से परिचय का क्षण यदि उपस्थित हो जाए तो

---

1. रागचेतना का विकास ही
   निखिल प्रगति का सार, न संशय
   भले ज्ञान-विज्ञान बनाएँ
   मानवता का सौंध चन्द्रस्मित,
   शोभादेहि रागशिखा ही
   स्वर्ग ज्योति कर सकती वितरित! —लोकायतन, (प्रथम संस्करण), पृ. 61
2. वही, पृ. 177
3. मानव के केवल तन मन
   भौतिक युग में सम्वर्धित,
   वह हृदयहीन हिंसा प्रिय
   जनभू विनाशहित प्रेरित!
   अतितार्किक श्रद्धाविरहित,
   स्थितियों का दास सशंकित,
   प्रेरणाशून्य क्षणजीवी,
   आत्मा से निपट अपरिचित। —वही, पृ. 179

उसका नव-संस्कार हो सकता है। यह परिचय परम्परागत ज्ञान, भक्ति, कर्म का सिद्धान्त न होकर पूर्ण प्रेम की रागात्मक चेतना का निर्माण है। यह चेतना अविद्ध हृदय लेकर आएगी जो देहगत मूल्यों को निखारेगी, उससे बँधेगी नहीं। यह रागात्मक चेतना एक ऐसी रस-चेतना है जिसमें सत्य की स्वर्णिम आग है, यह आग दग्ध नहीं करेगी, भौतिक जीवन का संस्कार करेगी।[1] यदि रागचेतना रससंस्कृत हो तो जीवन स्वतः विकसित हो जाए।[2] यही भारत का दाय है—व्यक्ति चेतना के स्तर पर और समष्टि चेतना के लिए भी।[3] युग में बुद्धि ने जो गतिरोध उत्पन्न कर दिया है, उस पर विजय पाई जा सकती है प्रेम में पूर्ण तन्मय होकर। तब विकास की नई दिशाएँ दिखाई पड़ेंगी।[4] यदि रागभावना शुद्ध नहीं तो अन्तर्जगत को कुण्ठा, अवसार, विषाद, क्रुद्ध अहमन्यता घेरे रहेंगे। वस्तुतः नरक इससे भिन्न क्या हो सकता है। यदि रागचेतना के अवरोध हट जाएँ, भाव-जगत् की शक्तियाँ मुक्त हो सकें तो नया जीवन-बोध उतर सकता है।[5] यह नवीन बोध पलायन का न होकर अवचेतन के अन्धे तमस का संस्कार भी कर सकता है।[6] क्योंकि निश्चेतन उपचेतन अतलों से लेकर अतिचेतन आकाशों तक एक ही प्रसार है—प्राणभूमि का, जीवन की सक्रिय शक्ति (Dynamic Force) का। यही प्राण रागचेतना का मूल प्रयोगस्थल है। इसका बुद्धि से विश्लेषण किया जा सकता है, संस्कार नहीं। संस्कार के लिए रसबोध की आवश्यकता है। वह कौन-सा नया रसबोध है जो अवचेतन उपचेतन ग्रन्थियों को खोल सकता है? रज और तम का संस्कार सत्व के द्वारा हो सकना असम्भव है। उसकी असंगतियाँ भारत में स्पष्ट हैं। यह भी सत्य है कि रज और तम के अवचेतन धरातल को सुसंस्कृत किए बिना चेतना की कोई उपलब्धि सार्थक नहीं हो सकती। इस संस्कार के लिए पन्त

---

1. ऋतु स्वर्णिम इन्द्रिय पावक
   रस अन्तर में संचित कर
   मार्जित संस्कृत जीवन का
   भू स्वर्ग रचो लोकोत्तर! —वही, पृ. 209
2. रागचेतना भू की
   हो विकसित रस-संस्कृत
   नर नारी जीवन हो
   मधु प्रांगण दिङ् मुकुलित —वही, पृ. 311
3. राग सागर मेरा गुरु दाय
   धरा पर ले रस शुभ्र हिलोर। —वही, पृ. 259
4. वही—पृ. 264
5. वही—पृ. 385
6. वही—पृ. 424

ने रस के नए धरातल को छुआ है। यह रसोद्रेक देह प्राण मन के मूल्यों का पुनर्मूल्यांकन कर सकता है। सत्व से उत्पन्न रस की अनुभूतियों में रज तम कुछ देर के लिए विसर्जित हो जाते हैं, किन्तु जिस रसोद्रेक की पन्त ने विशद चर्चा की है, वह इन्हें विसर्जित न करके इनका आमूल संस्कार करता है। इस रसोद्रेक या रस-संस्कार की क्षमता को विकसित करना ही नई मानवता का दाय है। यह क्षमता उसी के व्यक्तित्व के गूढ़ अन्तर्प्रदेश में है : उसे कवि ने अन्तर्मानस कहा है, 'चैत्य' भी कहा है। इसका अग्नि-संस्कार व्यक्तित्व के अन्धकार को रस-जीवित कर देता है।[1] बिना इस नए रस-जीवन के धरा पर शान्ति, प्रीति, सौन्दर्य, आनन्द का निवास असम्भव है। और यह रस-जीवन राग के शुद्ध, प्रबुद्ध होने पर सम्भव है।[2] इन्द्रिय, तन, मन, बुद्धि विवेक सभी इस रस-संस्कार से नव-जीवन में संक्रमण करते हैं।[3] इस प्रकार पन्त का नव-मानव नवयुग की स्थितियों के साधन मात्र लेता है, पर प्रकाश अन्तर्क्षितिजों का रहता है। जब दोनों का वैभव संयोजित होता है तब मानव की नव परिणति होती है। यही रस-संस्कृति है।[4]

इस रस-संस्कृत नव मानव का आगमन कवि को स्वयं प्रकृति का उद्देश्य जान पड़ता है। इस अन्तर्रसचेतना का भरपूर स्पर्श लोकायतन के नायक कवि वंशी को प्राप्त है और उसके द्वारा रचित केन्द्र से विकीर्ण होता हुई दिखाई देता है। कवि वंशी की यह व्यक्तिगत उपलब्धि नहीं है, वरन् भारत-भूमि में युग-युग से चलने वाली अन्तर-साधना का आधुनिक बोध है। पन्त ने भारत को भू-मानस माना है। इस मानस की साधना में प्रकृति बहुत दिनों से नहीं, युगों से संलग्न दिखाई देती है। कवि ने ऐतिहासिक रूप में सीता और राधा को प्रकृति की उस रस-साधना का प्रतीक या वाहक माना है। सीता का पृथ्वी में समाना, कवि की दृष्टि में अवचेतन की जड़ताओं में रस-चेतन स्फुल्लिंगों का विकीरण है।[5]

---

1. लोकायतन, (प्रथम संस्करण)–पृ. 480
2. शान्ति, सौन्दर्य, प्रीति, आनन्द
   धरा पर करें सतत् अभिसार
   राग हो शुद्ध बुद्ध जो मुक्त
   हिरण्यात्मा हो श्रीसाकार। —लोकायतन, पृ. 413
3. वही–पृ. 562
4. वही–पृ. 573
5. अनघे तुम्हीं धरा निशीथ में घुसकर
   जड़ को चित् में कर सकती युग दीपित
   नई ज्योति में देख रहा, अब तुमको
   तुममें भाबी जनभू मंगल मूर्तित। —वही, पृ. 16

उसी अग्निपरीक्षित रागचेतना से भावबोध, आचार-विचार नए रूप में सर्जित हो रहे हैं।[1] सीता ही धरा के निश्चेतन में वह शक्ति है जो जीवन-उर्वर दृष्टि से उसके अन्धकार को हरती रही है। उन्हीं की प्रच्छन्न साधना से, कवि को लगता है कि उपचेतन मन की कुण्ठाएँ दीप्त हो रही हैं।[2] राधा ने भी इसी रागचेतना का विकास साधित किया। वह रस की अधिष्ठात्री मानी जाती रही है। पन्त का विश्वास है कि जनभू-मंगल के लिए ही राधा ने रागचेतना का व्रत साधा था। किन्तु सीता की साधना निश्चेतन से अवरुद्ध हो गई, और राधा की जीवन-वर्जन से। इन दोनों रुद्ध स्थितियों से मुक्ति तभी सम्भव है जब भू-चेतना में अन्तश्चैतन्य का विकास हो। तब न रागचेतना को अग्नि-परीक्षा देनी पड़ेगी, न उसका निर्वासन होगा, न अपहरण, न लाँछन। और वह रस तत्त्वमयी रागचेतना सामाजिक स्तर पर वितरित होकर मनुष्य के आवेश-संकुल प्राण जगत को सन्तुलित और शुद्ध कर सकेगी। उसी राग-चेतना को कवि जड़ता में उतरती हुई स्वर्ण चेतनामयी सुषमा के रूप में देखता है।[3]

प्रश्न यह उठता है कि आधुनिक युग में, चतुर्दिक विघटनकारी अन्धकार में इस स्वर्ण चेतना-मंडित सुषमा के स्पर्श पाने का साधन क्या है, उपाय क्या है? कवि की अन्तर्दृष्टि में वह भले ही मूर्त हो, बाहर तो उसकी छवि तिरोहित ही है, बल्कि पूरी तरह ग्रसित ही। कवि वंशी ने इस चेतना के सामाजिक विकीरण के लिए केन्द्र की स्थापना की जिसमें ललित कलाओं के द्वारा अन्तश्चैतन्य को सम्भूत करने की क्षमता में विश्वास प्रकट हुआ है। सुन्दरपुर के इस केन्द्र में कविवर रवीन्द्रनाथ के शान्तिनिकेतन का स्मरण हो आना स्वाभाविक है। सुन्दरपुर के केन्द्र में नाद के द्वारा अचेतन का तम विद्ध हो जाता है, काँप उठता है।[4] इस संस्थान में उदय हो रहे नव-संगीत से ऊर्ध्वलोक द्रवित होकर लोकचेतना में प्रवेश करते हैं, अतलताएँ प्राणों में प्रवेश करती हैं।[5] इसी प्रकार अन्य कलाओं का

---

1. लोकायतन–पृ. 15
2. वही–पृ. 30
3. देखा कवि ने सीता को सित आभा तन,
   पाताल पैठ जो निखरी श्री राधा बन।
   जनभू छायाभा में अब सुषमा मंडित
   बन स्वर्ण चेतना, करती जड़ मुख दीपित। —वही, पृ. 247
4. लोकायतन–पृ. 283
5. ऊर्ध्व शृंगों में खोए लोक / द्रवित स्वर में हों जिसके व्यक्त,
   शुभ्र आत्मा की निःस्वर शान्ति / ध्वनित अवरोहों में अभिव्यक्त!
   नीलिमाओं में जिसका नाद / दीप्त भर दे नव स्वर्णोनमेष,
   हरित निस्तलताओं में मग्न / करे प्राणों में ज्योति प्रवेश!—वही, पृ. 284

योगदान है। इस प्रकार, विज्ञानजनित समृद्धि के साथ कलाओं द्वारा अन्तश्चेतना की समृद्धि प्राप्त कर कवि ने रस-संस्कृत नव-मानव के प्रकट होने में आस्था व्यक्त की है।

समस्या यह हो सकती है कि कवि-दृष्ट इस स्वर्णिम स्वप्न में विश्वास कैसे किया जाए? यह तो भावी मानव का सुन्दरतम चित्र है, जो अभी यहाँ दिखाई नहीं पड़ता। जो अदृष्ट है उसे लेकर तीन-तरह की मनःस्थितियाँ हो सकती हैं—आस्था की, अनास्था एवं 'सिनिसिज़्म' की, या सन्देह की। जिस तरह ईश्वर को न देखने पर व्यक्ति स्वभावानुसार आस्तिक, नास्तिक और संदिग्ध बन सकता है, उसी तरह इस काव्य-सत्य को लेकर पाठक तीनों में से कुछ बन सकता है। एकदम आस्तिक के लिए कोई समस्या प्रारम्भ में नहीं होती। अनास्था के लिए कोई उत्तर नहीं होता, पर संदिग्धावस्था में कोई उत्तर अवश्य मिलना चाहिए। सन्देहजनित उत्सुकता वैज्ञानिक मनोवृत्ति कही जा सकती है। सन्देह इस पर किया जा सकता है कि क्या ये अन्तश्चैतन्यमूलक रसमूल्य पार्थिव चेतना में सम्भव भी है? वर्तमान भौतिकतवादी बौद्धिक मूल्यों को हटाकर अन्तश्चैतन्य निर्मित रस-मूल्यों को स्थापित करना आसान नहीं है। किन्तु यदि इसका उत्तर 'लोकायतन' के कवि से पूछा जाए तो वह यही कहेगा कि साम्राज्यवाद और महायुद्धों की जमी पृष्ठभूमि में सत्य, अहिंसा, सत्याग्रह जैसे मूल्य भी एक समय में हास्यास्पद माने जाते थे। किन्तु गांधीजी के तपःपूत व्यक्तित्व और नेतृत्व में उन्हीं मूल्यों की ऐतिहासिक सत्यता प्रमाणित हो चुकी है—और कहीं नहीं इसी भारत भूमि पर। हिंसा के क्रूर आघाते को अहिंसा के आदेशों से जीता गया और इन आदर्श कहे जाने वाले मूल्यों ने जीवन के नितान्त कठोर यथार्थ में उतरकर न केवल एक व्यक्ति में साकारता प्राप्त की, बल्कि भारत जैसे बड़े राष्ट्र की सामूहिक मुक्ति को साधित किया। सत्य, अहिंसा, क्षमा कोई नए तत्त्व नहीं थे। बौद्ध और जैन धर्मों में इनका महत्त्व रहा है। पर सामाजिक जीवन-रचना में उनका कुछ मूल्य हो सकता है, विशेषकर बीसवीं शताब्दी में, इसे किसी वक्तव्य ने नहीं, इतिहास ने प्रमाणित कर दिया। गांधीजी के प्रति कवि के मन में इसीलिए अपार श्रद्धा है, उनमें निष्ठा है।[1] उसी प्रकार सम्भव है कि कोई कविर्मनीषी या उसके 'विज़न' से प्रेरित समूह रस-संस्कृति को जड़-मूल्यों पर स्थापित कर दिखाए। कवि को यह सम्भावना भारतभूमि पर अधिक सहज दिखाई देती है क्योंकि युग-युग से यहाँ रागचेतना की साधना चलती आई है। राग का एक तप यहाँ संचित होता रहा है। क्लियोपैट्रा को राग की तुला में सीता या राधा के समक्ष नहीं रखा जा सकता। उसी राग-चेतना को प्रसाद ने श्रद्धा में पुनरुज्जीवित करने की चेष्टा की है। मनु श्रद्धा

1. लोकायतन—पृ. 137

के द्वारा संस्कारपूत होकर उच्चतम अन्तश्चैतन्य में विचरण करने लगते हैं। प्राकृत मानव के अन्तश्चैतन्य-मंडित रसानन्दी होने में प्रसादजी ने भी आस्था व्यक्त की है। रूपक-सृष्टि के द्वारा 'कामायनी' में मानव-मन का रागसंस्कार के माध्यम से रसोपलब्धि करना सहज बोधगम्य हो गया है।

पन्त ने कोई रूपक-सृष्टि नहीं की, केवल उस चेतना को काव्यबिम्बों के माध्यम से प्रकट किया है। हो सकता है, उन बिम्बों में कल्पना का प्रभूत मिश्रण हो, किन्तु वे बिम्ब निरे काल्पनिक हैं, नितान्त अनुभूतिरहित हैं, इसे किस दावे से कहा जा सकता है? वर्ण-बिम्बों के माध्यम से उस अन्तःचर्चित रसचेतना की वैसी ही झाँकी प्रस्तुत की गई है जैसे चित्रकला में कोई भावबोध मूर्त किया जाता है। पन्तजी के विम्बों में अजन्ता के भित्ति चित्रों की स्वप्निल रागात्मकता है, यद्यपि वैसी भाव मूर्तिमत्ता नहीं दिखाई देती, जैसे :

रजत बैंगनी अधिमन शृंगों से
दीप्त प्रेरणाओं के झर-निर्झर,
सूक्ष्म प्राण वीणाएँ झंकृत कर
भरते अन्तस् में स्वर्णिम मर्मर।[1]

अथवा

भावों की हीरक सरसी में तिर
संवेगों के हरित पुलिन छूकर
रसोन्मुक्ति में मज्जित होता उर
चिन्मूल्यों का मुक्ता चुन भास्वर।[2]

अथवा

शंखों जड़ी प्रवाल पीठिका भू की
कँपी-कँपी मणिचक्र छत्र सिर ऊपर,
खुले केश, स्वर्णिम नीलम निर्झर से
खिसका अंचल मरकत छाया सुन्दर।

ये छायावादी बिम्ब चैत्याभिमुखी रागचेतना को छू तो सके हैं, किन्तु उसको बहुत मूर्त नहीं कर सके हैं। उसका सजीव पावक स्पर्श पास आते-आते जैसे ओझल-सा हो जाता है, या छूट-सा जाता है। यह सत्य है कि अन्तर्मानस या चैत्यमानस सूक्ष्म लोक है, इसलिए उसके स्पर्श भी अन्तःप्रवेशी एवं गूढ़ होंगे।

1. लोकायतन, पृ. 431
2. वही, पृ. 433

किन्तु देह मन प्राण के धरातल पर यदि उसका रस अवतरित हुआ है, तो अवश्य ही उन अमूर्त शोभा-स्पर्शों को कुछ अधिक ठोस और मूर्त होना चाहिए।

आधुनिकता के सन्दर्भ में दूसरी महत्त्वपूर्ण समस्या यह उठ सकती है कि पुराने से इस नए संक्रमण की ओर जाती हुई चेतना की कोई मनोवैज्ञानिक प्रक्रिया है या सब-कुछ अपने-आप अभिव्यक्त हो जाएगा। युग-चेतना का रस-संस्कृति में संक्रमण पौराणिक आधारों पर चाहे सिद्ध किया जा सके, अथवा कवि की अन्तर्दृष्टि के पथ में बार-बार उपस्थित होता हो, इस संक्रान्तिकालीन स्थिति में एक तत्त्व से दूसरे तत्त्व में मनोवैज्ञानिक संक्रमण किस प्रकार सम्भव हो सका है, या सकता है—यह बहुत स्पष्ट नहीं है। कवि अधिकतर भावी मानव की रस-संस्कृत चेतना का मुग्ध गान करने में अनुरक्त रहा है। 'लोकायतन' में जीवन के यथार्थ धरातल पर, संघर्षरत टूटती हुई मानव की भाव-चेतना का सामूहिक विप्लव अनुपस्थित है। भौतिक जैविक मूल्यों में आबद्ध मानव का ज़िक्र तो कवि कर देता है पर दोनों को समानान्तर रखकर एक स्थिति से दूसरी स्थिति में संक्रमण करने का सूत्र मुझे 'लोकायतन' में कहीं नहीं दिखाई देता। जिस प्रकार मनु चिन्ताकातरता से आरम्भ करके श्रद्धा, वासना, इड़ा, निर्वेद आदि महत्त्वपूर्ण भूमिकाओं से गुज़रते हुए समरस आनन्द की मनःस्थिति में पदार्पण करते हैं, उससे, जैविक उद्वेगों से क्रमशः मुक्त होते हुए व्यक्ति के अन्तःसंस्कार के प्रति मनोवैज्ञानिक दृष्टि उत्पन्न होती है—प्राकृत मानव का महाचिति के अंश में रूपान्तर अविश्वनीय नहीं रह जाता। किन्तु 'लोकायतन' में जैविक स्थितियों से चैत्यरस के अन्तर्प्रदेशों तक पहुँचने के मनोवैज्ञानिक सूत्र का सन्धान कर पाना कठिन है। जिस प्रकार इलियट ने यान्त्रिक सभ्यता और निष्प्राण बौद्धिकता की संस्कृति में जीवित मनुष्य की उस ऊब भरी (Ernui) का बहुत सशक्त रूप प्रस्तुत किया है, जो नए मूल्यबोध के अभाव में जीवन मृत मानव का रूप उपस्थित करती है, उस प्रकार पन्त जैविक प्रत्यावर्तन से उद्भूत भावात्मक (Ernui) और उसके अन्दर से जन्म लेती हुई चैत्य ऊर्जा का कोई रूप प्रस्तुत कर सकते तो रस-संस्कृत मानव का चित्र युग सन्दर्भ में मनोवैज्ञानिक रूप से अधिक विश्वसनीय हो सकता। यदि वे इस ऊब की स्थिति को न भी स्वीकार करें तो किसी और मनःस्थिति के द्वारा अपनी नई रसचेतना में निष्क्रमण का द्वार खोल सकते थे। आधुनिकता की झोंक में मानव को यदि अपने जैविक प्रत्यावर्तन से कोई ऊब न होती हो तो और बात है। वैसे प्रेरणाशून्य यान्त्रिक मानव का अपनी इस अभावात्मक स्थिति से ऊबना बहुत ही स्वाभाविक और मनोवैज्ञानिक सत्य है। बिना इस स्थिति में आए, बिना नई चेतना की आवश्यकता महसूस किए, नए मूल्यों की न तो खोज हो सकती है, न उनका बोध। यदि मनु इड़ा के प्रदेश में स्वेच्छाचारी होकर श्रद्धाविरहित जीवन से निर्वेद की स्थिति में पहुँच सकते हैं,

तो आज का मानव भी जैविक स्वेच्छाचार से थक सकता है, 'ऊब' सकता है। 'ऊब' ठीक निर्वेद नहीं है पर कुछ भूमिका का निर्माण अवश्य कर सकती है, उस भूमिका का जो मनु को पाश्विकता से विरक्त करके रहस्यद्वार से आनन्द के शिखरों तक ले जाती है। इस प्रकार के एक शृंखलित विकास का रूप यदि पन्तजी प्रस्तुत कर सकते तो उनका नव-मानव भावी सृष्टि न रहकर संक्रान्ति काल में ही जीवन-ग्राह्य बन पाता। माधों के द्वारा मध्ययुगीन चेतना का अवरोध उपस्थित किया गया है, और यह अवरोध एक प्रकार से नव-मानव के विकास में नव-प्रेरणा भरता है। पर यह तो बहुत-कुछ बाहरी सामाजिक स्थिति की चर्चा है। स्वयं व्यक्ति के अपने अन्दर के अवचेतन लोकों की दुराग्रही भावना किस प्रकार चैत्य लोक में प्रवेश करने लायक़ बन सकती है—यदि इसकी कोई मनोवैज्ञानिक रूपरेखा कवि दे सकता तो रागचेतना पर उपजीवित रस-संस्कृति के पार्थिव परिवेश में पदक्षेप करने की वजह और उसकी संगति के प्रति आज का सशंकित, रुद्ध, क्रुद्ध अथवा पीड़ित मानव कुछ आस्थावान हो सकता।

इसीलिए युग की विभीषिका में रस-संस्कृत मानव का पदार्पण बहुत-कुछ काल्पनिक लगने लगता है। कवि ने बर्बर आदिम वृत्तियों के रस-संस्कार की महत् चेष्टा की है शील और सौजन्य के स्पर्शों से। वह गांधीवादी विचारधारा से आद्यन्त प्रभावित है, इसीलिए माधो द्वारा हरि की हत्या तक क्षम्य हो गई है। किन्तु मेरा विश्वास यह है कि आज की दुर्दमनीय बर्बर वृत्तियों को सुसंस्कृत करने में सौजन्यता के स्पर्शों की ही नहीं, शीलवान् चेतना के शक्ति 'थपेड़ों' की आवश्यकता हो सकती है। यदि नैतिक संस्कृति की प्रतिष्ठा के लिए राम को दानव संस्कृति से जूझना पड़ा हो, तो क्या यह असम्भव और असंगत है कि मानव की बुद्धिपोषित बर्बर संस्कृति को रागचेतना की रससंस्कृति में बदलने के लिए वैसा ही मोर्चा लेना पड़े। अवश्य ही यह मोर्चा बाहरी न होकर आन्तरिक होगा, संघर्ष का क्षेत्र उपचेतन और अन्तश्चेतन के धरातल पर होगा। जिस चैतन्यरस का गान पन्त ने मुक्त कण्ठ से किया है, उसे यहाँ पर चल रहे अवचेतन का जकड़बन्द शासन क्या पृथ्वी पर सहज ही स्थापित होने देगा? यह कह देना तो आसान है कि :

लौटी थी निर्वासित सीता।
जन भू मन का कर रूपान्तर ॥

पर क्या सीता का लौटना इतना आसान है? और जनभू-मन का रूपान्तर इतना सहजसाध्य? सीता का लौटना तभी सम्भव है जब उन्हें निर्वासित करने वाली लोकचेतना आत्मग्लानि से संशुद्ध होकर उनके पृथ्वी पर प्रत्यावर्तन की कामना करे! अथवा सीता स्वयं रसचेतना के पावक को लेकर लोक-जीवन में उपस्थित

हो, और लोकचेतना वही अग्नि-परीक्षा दे जो उसने सीता से ली थी। सीता की शुद्ध रागचेतना अकुण्ठ भाव से अग्नि-परीक्षा सह सकती है, पर आज की लोकचेतना का बहुत-कुछ कूड़ा-कर्कट इस परीक्षा में जलकर भस्म हो जाएगा, बहुत-कुछ अन्तस्ताप से निखरेगा, और बहुत-कुछ नए को जन्म देगा। रागचेतना से रस-शुद्ध होने के लिए समर्पणशील मनःचेतना चाहिए, उद्धत बौद्धिक दम्भ या जैविक आक्रोश नहीं। यदि मानव की ये अहमन्य चेतनाएँ रस-संस्कार में बाधा उपस्थित करती हैं तो निश्चय ही रुद्र संस्कार से उन्हें रूपान्तरित किया जा सकता है। सीता हों, या राधा या स्वयं श्रद्धा—जिस सृजनमयी शक्ति की वे प्रतीक मानी गई हैं उनमें हृदय की कोमल वृत्तियों के अतिरिक्त सर्जनकारी अग्निशक्ति की विकल ऊर्जा मुझे नहीं दिखाई पड़ती। श्री अरविन्द ने भी अपने महाकाव्य 'सावित्री' में आदि शक्ति के द्वारा निश्चेतनतम से कवलित मानव-चेतना के नवोन्मेष का 'विज़न' प्रस्तुत किया है। किन्तु उनकी रागात्मिकता चेतना बहुत सशक्त है, वंशी की भाँति न तो केवल स्वप्नद्रष्टा, न हरि की भाँति वध्य। उसके स्वप्नों में आग है जो सृष्टि के समूचे अन्धकार का विनाश करके उसका नव-रूपान्तर करने में पूर्णतया, हर दृष्टि से सक्षम है। वह 'मृत्यु', जो निश्चेतन उपचेतन की संपुजित जड़ता और उसके अन्धकार का प्रतीक है, को चुनौती देती हुई कह सकती है :

आगे आओ, मृत्यु!
धरा के कपूरी सौन्दर्य को पार कर;
क्योंकि, इन नागरिकों जैसी मैं नहीं हूँ,
प्रभु के स्वप्न नहीं, अग्नि की पुजारिन हूँ।[1]

बिना इस 'अग्नि' के मानव-चेतना के नए आयामों का सृजन सम्भव नहीं।

---

1. "Advance, O Death,
Beyond the phantom beauty of this world; For of its citizens I am not one,
I cherish God the Fire not God the Dream."

मानव-विशिष्टता का नया आयाम : नव-मानव

कविता के आधुनिक बल्कि समसामयिक मूल्यों के केन्द्र में 'मानव' की प्रतिष्ठा का विशेष आग्रह है। यह उचित ही है, क्योंकि कला का जीवन से यदि सप्राण सम्बन्ध होगा तो उसके मूल में मानव और उसकी समस्या का होना आवश्यक ही नहीं अवश्यम्भावी है। नई कविता में जिस 'मानव विशिष्टता' की बात उठाई गई है, और जिसे समकालीन परिस्थितियों में खंडित होते देख वेदना व्यक्त की गई है, वह मानव कहलाने वाले प्राणी के लिए स्वाभाविक ही नहीं सहज भी है। 'सुपरमैन की प्रतिक्रिया में या वर्ग-मानव के प्रभुत्व से बेचैन 'लघु-मानव' का केन्द्रीय विचार काफ़ी जोशख़रोश के साथ सक्रिय रहा है। उसके 'भोगे हुए यथार्थ' पर बलि-बलि जाने का भाव 'सुपरमैन' के प्रशस्ति गायन की तुलना में कम नहीं बैठता।

लघु-मानव की विशिष्टता उसका आत्मविश्वास तथा आत्मसम्मान है जो परिवेश के समसामयिक बोध से उभरता है। इस आत्मविश्वास के विकास में बुद्धि, तज्जन्य विवेक एवं स्वतन्त्र चयन का हाथ है। यह विचारधारा अस्तित्ववादी दृष्टि की उपज है, जहाँ सारी विघटनकारी परिस्थितियों में चुनाव या निर्णय की स्वतंन्त्रता पर बल दिया जाता है, इस स्वतन्त्रता का दायित्व मानव विवेक पर हैं।

प्रश्न उठ सकता है कि 'मानव विवेक' क्या सर्वोपरि शक्ति है? क्या वह यथार्थ की सारी समस्याओं से पूरी तरह जुझाने की अथक, अकुण्ठ और अक्षय सामर्थ्य प्रदान कर सकता है? क्या बुद्धि के द्वारा सब-कुछ का समाधान सम्भव है? क्या यान्त्रिकता के पैशाचिक पंजे और तज्जन्य अमानवीय व्यक्तित्व और परिवेश को केवल 'वैज्ञानिक' बुद्धि के सहारे खोल लेना सम्भव है? यदि यह सब यथार्थ-सिद्ध अनुभव होता तो कविता में आज भी इतनी बेचैनी, इतना पछतावा, इतना तनाव, इतना कुण्ठित व्यक्तित्व क्यों उभरता? बुद्धि मानव विशिष्टता का सैद्धान्तिक प्रतिपादन चाहे कितना ही करे, उस 'विशिष्टता' का अनुभव बेचैनी, निरर्थक्ता, तनाव में क्यों ज़्यादा परिणत हो रहा है, आत्मविश्वास और आत्मसम्मान में क्यों नहीं? आज की परिस्थितियों में आत्मविश्वास और आत्मसम्मान शब्द व्यंग्य हो गए हैं, बल्कि बड़बोली लगते हैं। परिवेश इतना 'लघु'

(छोटे के अर्थ में नहीं, ओछे के अर्थ में) हो गया है कि उसमें बुद्धिजनित 'मानव विशिष्टता' की स्थापना कर सकना सारे व्यावहारिक और यथार्थ धरातल पर असिद्ध हुआ जा रहा है। यदि मसीहा या वर्ग-मानव एक अभिशाप है, तो 'लघु-मानव' भी अपने तथाकथित गौरव के बावजूद कोई नियन्ता नहीं है। न तो वह अपने परिवेश पर विजय पाता है, न अपने पर ही। और प्रकृति पर विजय—चाहे अपनी हो या परिवेशजन्य—प्राप्त करने की लालसा मानव में सनातन है। भौतिक रूप में विज्ञान में जो तत्त्व सक्रिय हुआ है, वह मनोविज्ञान में भी किसी गूढ़ स्तर पर सक्रिय रहता है। उसे अति-मानव की एलर्जी से नकारा नहीं जा सकता। इस विजय में ही आत्मसम्मान तथा स्वाभिमान की धारणा प्रासंगिक लगती है, इसे छोड़कर केवल यथार्थ को 'भोगते' रहने में नहीं। भोगते रहना अपने-आप में कोई वरेण्य स्थिति नहीं हो सकती। इसलिए 'लघु-मानव' और 'स्वाभिमान' यथार्थ के अनुभव से कभी-कभी एकदम विरोधी लगने लग जाते हैं। लघुता की भावना स्वाभिमान की प्रेरक हो सकती है इसमें कम ही लोगों को सन्देह होगा, लेकिन वह सर्वांग मनुष्य नहीं हो सकती, यह असंदिग्ध है। डॉ. जगदीश गुप्त का यह निरीक्षण उचित जान पड़ता है : 'व्यक्तित्व में लघुता दूसरों की महानता से उत्पन्न एक अभिशाप है—मनुष्य को उसके सहज रूप में लघु मानने की कोई आवश्यकता नहीं।—महानता का विरोध करते हुए वह कदापि वरेण्य नहीं हो सकती क्योंकि दोनों अन्योन्याश्रित हैं। पहले अपने को लघु कहना फिर लघुता का महत्त्व प्रदर्शित करना प्रकारान्तर से अपने को महान् कहना है। समानता के लिए यह आवश्यक नहीं है कि मानव को लघु कहा जाए।'[1] यदि लघुता से उबरकर 'सामान्य मनुष्य' की या सहज मानव की प्रतिष्ठा की जाए तो यथार्थ के अनुभव में यह 'सामान्य' बहुत-कुछ मिडियॉकर के अर्थ में व्यक्त होने लगता है, उसमें मानव चैतन्य या विवेक परिस्थितियों के जाल में एकदम तिरोहित हो जाता है या समझौतावादी बन जाता है।

तब, क्या साहित्य में जीवन की भाँति 'मिडियॉकर' मनुष्य की प्रतिष्ठा कर दी जाए? क्या वह मानव-मूल्य के रूप में—स्वाभिमान और आत्मसम्मान को मद्देनज़र रखते हुए—स्वीकृत हो सकता है? यदि स्वीकृत भी होने लग जाए, जैसा कि अन्देशा है, तो क्या वह कोई सर्जनात्मक मूल्य होगा, कोई रचनात्मक अस्तित्व रखेगा? यहीं पर पन्त का 'नव-मानव' अपनी अशेष सम्भावनाएँ लेकर आविर्भूत होता है। यदि उसे केवल 'स्वप्न' की संज्ञा से विभूषित करने की लत छोड़ दी जाए, यथार्थ के अनुभव से विकसित होने की सम्भावना के रूप में सोचा जा सके तो मानव-विवेक और बुद्धि निश्चय ही किन्हीं घनात्मक (positive) निष्कर्षों पर

1. नई कविता : स्वरूप और समस्याएँ (प्रथम संस्करण), पृ. 39-40

विकसित होगी। कवि के भविष्यद्रष्टा होने की सम्भावना शायद अब चुका दी गई है, इसलिए ऐसा कोई भी अभिनव सत्य जो अभी दिखाई नहीं देता पर जन्म लेने की प्रक्रिया में कठिनाई से साँस लेने को उत्सुक है उसका गला यह कहकर वैज्ञानिक बुद्धि घोट देती है कि यह 'फेनॉमेनन', 'प्रकृत' नहीं है। पर क्या यह मानव चैतन्य का 'विवेक' है? क्या मानव चैतन्य और वैज्ञानिक दृष्टि दोनों पर्यायवाची हैं? क्या यथार्थ प्रकृति ही सम्भावित प्रकृति है, उसके अन्दर से 'प्रकृति' का कोई नया रूप घटित नहीं हो सकता? क्या मानव-चैतन्य को बुद्धि के द्वार पर माथा टेककर सदा के लिए प्रणिपात मुद्रा में पड़ा रहना पड़ेगा, या सर उठाकर आगे की चेतना की खोज में भी आरुढ़ होना पड़ेगा? आख़िर उसकी नियति क्या है?

यह सत्य है कि 'नियति' यदि 'स्थिति' के बल पर पैदा हो सके तो यह विश्वसनीय होगी, अन्यथा नहीं। प्रकृतिजन्य 'स्थिति' की जड़ताओं को विज्ञान ने 'देश' के धरातल पर जिस तरह ललकारा है, तोड़ा है, उसी तरह का पश्चिमी मानव-मनोविज्ञान कोई प्रयास नहीं कर सका है। प्रयासों का यह फ़ासला ही आज की 'नियति' का जनक है। काल के अर्थ में सनातन कुछ भी नहीं है, पर 'देश' के धरातल पर चेतना की अनन्त सम्भावनाएँ हैं जिन्हें 'विवेक' चुका नहीं सकता। इन्हीं सम्भावनाओं की अनुभूति, परिकल्पना और स्थापना पन्त के चेतनावादी काव्य में 'नव-मानव' के व्यक्तित्व में हुई है।

यह 'नव-मानव' लघु-मानव और सामान्य मानव की तुलना में वज़नी पड़ता है क्योंकि न तो वह बाह्य परिस्थितियों से दीर्ण होता है, न अपनी क्षमता में कभी क्षीण। वह सुपरमैन नहीं है, समानता के धरातल पर प्रतिष्ठित मानव-'आत्मा' की असली विशिष्टता का प्रतिनिधि है, प्रतीक नहीं। वह आत्मा जो केवल भोगती ही नहीं, द्वसुपर्णा के रूप में साक्षी भाव भी रखती है, और इस साक्ष्य से नई रचनात्मक क्षमता का अन्वेषण कर सकने में समर्थ होती है। एक तरह से यह सामान्य या लघु-मानव के आत्मसम्मान की स्वाभाविक परिणति है, क्योंकि यहाँ आकर सम्मान या स्वाभिमान के खंडित या विकलांग होने का प्रश्न नहीं उठता। मानव-चैतन्य का यह धरातल विवेक से आगे का है, उससे गहरे का है, यदि मानव विवेक चाहे तो उसका वरण कर सकता है। चुनाव की स्वतन्त्रता तो है ही, होनी ही चाहिए। यह तो नए कवि भी स्वीकार करते हैं कि 'मानव नियति का संरक्षक या उसका निर्माता कोई देवदूत अथवा कोई अद्वैत शक्ति-प्रतिभा-सम्पन्न प्रभु नहीं है, वरन् समस्त मानवता है, उसकी प्रत्येक इकाई की सम्पूर्णता, समग्रता और स्वतन्त्रता है।'[1] श्री लक्ष्मीकान्त वर्मा आगे कहते हैं—'मानव नियति का नियन्ता और उसका

1. नई कविता के प्रतिमान : श्री लक्ष्मीकान्त वर्मा, पृ. 167

लक्ष्य स्वयं मनुष्य है। वही उसका केन्द्र है और उस केन्द्र की गतिविधि और उसकी नियन्त्रित शक्ति भी उसी के हाथ में है, उसी की आत्म-शक्ति और निश्चय-शक्ति में है।[1]

अब इन सारी संज्ञाओं (चेतनागत) और विशेषणों पर-ग़ौर कीजिए—सम्पूर्णता, समग्रता, स्वतन्त्रता, नियति का नियन्ता, आत्म-शक्ति और निश्चय-शक्ति। तो क्या ये सारे तत्त्व अपनी सम्पूर्ण सच्चाई के साथ केवल मानव विवेक या बुद्धि द्वारा पूरी तरह सक्रिय और उद्‌घाटित हो पाते हैं? वास्तविकता क्या है? बुद्धि में सम्पूर्णता, समग्रता कहाँ तक है, वह खण्ड परिप्रेक्ष्यी होती है, समग्रता का दावा करना अपनी सीमा को अनदेखा करना है। और 'स्वतन्त्रता' क्या वह 'विवेक' के बल पर हाथ में आ जाती है? उससे भी आगे नियति का नियन्ता' रूप है—वह तो हमारी वर्तमान मानव-चेतना के हर प्रयास को छल जाता है, दग़ा दे जाता है। क्यों? शायद इसलिए कि इन सारे विशेषणों से विभूषित या सही तौर पर संपृक्त होने के लिए 'आत्म-शक्ति' की ज़रूरत है, बौद्धिक-शक्ति की ही नहीं। इस आत्म-शक्ति की ऊर्जा सारी शक्तियों को पराजित कर डालती है, वह अपनी अणुवत् 'लघुता' में भी ऐसा विस्फोट कर सकती है कि 'प्रकृति' के सारे फार्मूले या मान ध्वस्त हो जाएँ और उस विस्फोट के आगे उसकी सारी दुहाई चिचियाहट में बदल जाए। 'लघुता' की इस शक्ति को पन्त ने 'नव मानव' के स्वरूप में पहचाना है। उन्होंने उसे 'लोकायतन' की इकाई माना है—लोक जीवन का प्रतिष्ठापक सक्रिय सहज व्यक्तित्व, 'सुपरमैन' के रूप में संचालक नहीं। कवि 'वंशी' प्रेरक अवश्य है पर वह जन-जन को 'नव-मानव' में गढ़ने को विह्वल है। वह स्वप्नजीवी ही नहीं, 'लोक' का 'आयात' (निकाय) बनाने में सक्रिय सहयोगी है—अपनी चेतना से, अपने कर्म से।

तो, यह 'नव-मानव' पन्त के उत्तर-प्रगतिवादी काव्य का उपजीव्य है। वह 'आत्मा' की सक्रिय शक्तियों से सम्पन्न जीवन-क्रम में आविर्भूत होने में सक्षम प्राणी है, स्वप्नद्रष्टा या स्वप्नविलासी नहीं। आज भी परिस्थितियों का दबाव मानव पर जिस रूप में पड़ रहा है, उसे सारी वैज्ञानिकता के दम के बावजूद झेलना सम्भव नहीं है। यह भौतिक दबाव वैज्ञानिकता पर दबाव भी डाल रहा है कि वह अपने अन्दर से 'चेतना' का 'विज्ञान' ढूँढ़े, कम-से-कम उसे टटोले! इस दबाव का जीवन्त वर्णन पन्त के काव्य में है। उनके रूपक नाट्य-तत्त्व के अभाव में शिल्पगत वैशिष्ट्य से रहित भले ही हों, आन्तरिक प्रेरणा के ज्योति-स्फुरणों से भरपूर हैं। इन्हीं काव्य-रूपकों में 'नव-मानव' की कल्पना जितने विविध परिप्रेक्ष्यों के भीतर साकार हुई है, उतनी मात्र कविता में नहीं। 'शिल्पी' में कलाकार अभिनव

1. नई कविता के प्रतिमान : श्री लक्ष्मीकान्त वर्मा, पृ. 168

मानव मूर्ति गढ़ने में रत है। 'स्वप्न और सत्य' रूपक वास्तविकता के संघर्ष के भीतर उदित होने वाली प्रेरणा (स्वप्न) का प्रतीक-रूपक नहीं है, धरा के प्रतिनिधियों का परस्पर संगुफन है। लेकिन 'नव-मानव' का सबसे प्रस्फुट रूप 'सौवर्ण' रूपक में अभिव्यक्त हुआ है। 'युगान्तर सूचक वादित्र' के साथ देवी के माध्यम से यह कथन साभिप्राय इंगित है :

सामन्तों, सम्राटों, धनिकों के युग में बहु
विकसित होता रहा गुह्य अन्तःस्थ कूट यह,
मर्म गुंजरित इसकी प्राणों द्रोणी में
जीवन वैभव रहा झूलता नव शोभा में।[1]

यह 'गुह्य अन्तःस्थ कूट' सबके भीतर विकसित होता रहता है क्योंकि वह अन्तर्यामी है, ऊपर से आरोपित नहीं। उसे न तो मसीहा उगा सकता है, न अधिनायक मार सकता है। कोई भी तन्त्र-धर्मतन्त्र, बुद्धितन्त्र, लोकतन्त्र–उसे दिशा-निर्देश नहीं दे सकता। वह संघर्षों के माध्यम से, परिस्थितियों के दबाव से अपने अन्दर से, खुद ही फूट पड़ता है, उग पड़ता है, या वह निकलता है या विकसित होता है। यह तो भिन्न-भिन्न प्रकृति की बात है, प्रत्येक की 'विशेषता' को सुरक्षित रखता हुआ यह जीवन के क्रम में कभी-कभी आविर्भूत हो सकता है। 'सौवर्ण' में बुद्धिजीवी की भूमिका बड़ी अनाश्वस्त है–'जीवन के मौलिक प्रतिमानों का संकट यह।' मौलिक प्रतिमान के रूप में ही कवि के 'सौवर्ण' या स्वर्णपुरुष का उदय हुआ है। उसके लिए कवि का विश्वास है :

मानव मूल्यों का है स्रोत मनुज के भीतर
जीवन मर्यादा में विकसित सहज व्यक्ति में।[2]

नीचे 'जन युग सागर' उद्वेलित होकर गरजता रहेगा, पर जिसे आना है वह इन उत्ताल तरंगों पर झंझा के रथ पर ही चढ़कर आ सकता है, टूटते, पिटते, भोगते, झेलते नहीं। कहीं-न-कहीं इस सारे अवसाद के अन्दर कोई फल्गु स्रोत छिपा रहता है जो असंख्य मार और थपेड़ों की चोट से अचानक या धीरे-धीरे फूट पड़ता है, उसी अदम्य वेग से जैसे चट्टानों के प्रतिरोध से नदी का अदम्य स्रोत। इसी अदम्य जिजीविषा को लेकर पन्त का नव-मानव 'सौवर्ण' धरती पर आविर्भूत है। वह 'लोकपुरुष', अधिनायक नहीं। किन्तु उसमें मानव विशिष्टता के नए आयाम उभरे हैं। लोकपुरुष 'अग्निपुरुष' भी है, उतना ही जाज्वल्य ऊर्जावान इसीलिए 'प्राणपुरुष' भी है,–जीवन की सर्जनात्मक क्षमताओं से भरपूर। और ये

1. सौवर्ण, पृ. 19
2. वही, पृ. 32

सारी नई सृजनात्मक शक्तियाँ रुद्र संस्कारी चेतना के सूर्य-स्वर्ण-रथ पर चढ़कर आ रही हैं। इस लोकपुरुष का पैदल चलना भी रथ के रणन से भरपूर होगा :

जन धरणी को वरने आया महाकाल या?
दौड़ रहे उनचास पवन, कम्पते मनो भुवन,
निश्चय, यह नव कल्पान्तर, यह महा युगान्तर।
नया सृजन आ रहा सूर्य मे स्वर्णिम रथ पर
अग्निपुरुष यह, प्राणपुरुष यह, लोकपुरुष यह![1]

यह 'तप्त स्वर्ण-सा' 'दारुण सुन्दर' पुरुष कोई देवदूत नहीं है, ऊपर से उतरा हुआ महामानव नहीं, धरा के गूढ़ तमसाच्छन्न गर्भ से ही सूर्य की भाँति प्रकट हुआ है, वह अपनी शक्ति और सामर्थ्य में 'विद्रोही जन का ईश्वर' प्रतीत होता है, इसीलिए सारे जीवनक्रम को पलटने के सामर्थ्य से युक्त है। वह अपना परिचय देता है :

मैं हूँ वह सौवर्ण, लोक जीवन का प्रतिनिधि!
नव मानव में, नव जीवन गरिमा में मंडित,
युग मानव का पद्म, खिला जो धरा पंक में,
जड़ चेतन जिसमें सजीव सौन्दर्य सन्तुलित—
मैं हूँ श्रद्धा का भविष्य, जो व्यक्त जगत् के
काल ग्रसित, खंडित मानो के भूत भविष्यत्,
वर्तमान को अतिक्रम कर, उनमें प्रविष्ट हो,
विकसित करता अग-जग को नव सीमाओं में।

क्या आश्चर्य कि तुम्हें कल्पनावत् लगता हूँ![2]

ऐसा व्यक्ति अभी कल्पनावत् लग सकता है, पर वह सम्भावित तो है ही। इस नव मानव के अन्दर तूफ़ानों में भी जलने वाली आत्मा की अमर ज्योति है, जो मुक्ति की राह खोजती दीप को छोड़कर निर्वासित हो जाने वाली दीपशिखा नहीं, दीप में जलने वाली दीपशिखा। उसकी जिजीविषा का स्रोत बुद्धि नहीं आत्मा की 'अमर ज्योति' है, इसलिए उसकी अपनी एक विशिष्टता है, अलग पहचान है। वह केवल विवेक के स्तर पर सक्रिय होकर कर्म के क्षेत्र में कुण्ठित नहीं हो जाता, वह सर्वत्र एक जैसा जल सकता है। सौवर्ण आगे कहता है :

---

1. सौवर्ण, पृ. 57
2. वही, पृ. 58-59

तुम दीपक से भिन्न समझते दीपशिखा को?
विस्मय करते कैसे आँधी तूफ़ानों में
जीवित रहती है वह? मैं तूफ़ानों ही में
जलने वाली अमर ज्योति हूँ!—मैं रहस्य हूँ।
भंगुर मिट्टी के प्रदीप ही में पलता हूँ।
झंझा के पंखों पर चढ़ जीवन ज्वाला-सा
संग-संग फिरता मैं अम्बर, सागर, कानन में!
भूत-भविष्यत्-वर्तमान मुझमें ही जीवित,
विश्व समन्वय से मैं महत्—समष्टि प्रेरणा,
सृजन प्रेरणा,—मूर्तिमान जीवन स्पन्दन में![1]

और उसका स्वरूप क्या है? ज्योति, प्रीति, आनन्द, मधुरिमा के नए स्पन्दन, इन्द्रियों का नया विकास, मन प्राणों की नई अतिचेतनता। वह ऊर्ध्व चेतना को लोकचेतना में भर सकता है क्योंकि स्वयं उसके अन्दर वह इसी रूप में भरी हुई है। वह 'चेतना के प्रकाश' को जीवन के सूत्रों में पिरो सकता है :

प्राण हरित जीवन पादप में—मूल्य सत्य में,

नवयुग में मैं जन मानवता का प्रतीक हूँ,
ज्योति प्रीति, आनन्द मधुरिमा में नव स्पन्दित!
नव संस्कृति का सारथि, नव आध्यात्मिकता में,
नव विकसित इन्द्रिय, मन प्राणों से अतिचेतन!

शोषण, दुःख, अन्याय, दैन्य का भूमि भार हर।
शतियों के पतभारों में भरने आया मैं
नव मधु की गुंजरित मधुरिमा ज्वाल पल्लवित!
सप्त चेतना भुवनों के अक्षय वैभव को
लोक चेतना में करने आया हूँ मूर्तित!

युग-युग से विछिन्न चेतना के प्रकाश को
मैं जीवन सूत्रों में करने आया गुंफित![2]

इसी ज्वाला से पूरित व्यक्ति में वह विशिष्टता हो सकती है जो भीषण रूप से सर्जनात्मक हो। उसमें जीवन तत्त्व 'प्रदीप्त पर्वत' सा है इसीलिए धरती के दलदल को दग्ध कर सकता है और कुण्ठित मनोभूमि को दीप्ति प्रदान कर सकता है।

---

1. सौवर्ण, पृ. 59-60
2. वही, पृ. 62-63

उसके आगमन को 'अग्नि बीज' समझकर स्वर्गदूती ही नहीं देवता भी भय, विस्मय या आश्चर्य से पूछते हैं 'कौन पुरुष वह?' कवि का उत्तर है :

नव युग का मानव, प्रदीप्त जीवन पर्वत-सा,
धरा पंक को दग्ध, मनोनभ को दीपित कर!
युग-युग के पतझर झर पड़ते उसके भय से
धूल धुँध पंखों-सा बिखरा अग्नि बीज नव,

नव मधु के फूलों की ज्वाला से वह वेष्ठित,
रूप रंग शोभा सौरभ के अंग गुंजरित,—
दीपित उससे सूक्ष्म भुवन, युग स्वप्न मंजरित![1]

'उत्तरा' में एक पूरी कविता 'नव-मानव' शीर्षक से अवतरित है। उसकी विशेषताओं का एक के बाद एक वर्णन है। उसकी प्रमुख विशेषता बुद्धि के स्थान पर 'अन्तर्ज्ञान' है। इसीलिए कवि ने उसे 'अग्नि चक्षु' एवं 'त्रिनयन' कहा है। दो आँखों से केवल स्थूलताएँ दीखती हैं, तीसरा नेत्र अन्तर्नेत्र है जिसके बिना घटनाओं, शक्तियों का विश्लेषण एवं उनमें निहित सम्भावनाओं का अवलोकन नहीं किया जा सकता। इस 'त्रिनयन' मानव को भी पन्त ने सौवर्ण की भाँति 'लोकपुरुष' कहा है। उसे 'युगमानव' कहा है, जो युग द्वारा सम्भव हो सकता है, इसलिए 'युग सम्भव' है। 'अग्नि चक्षु' केवल दृष्टि सम्पन्न मानव ही नहीं है, उसमें चेतना का पावक इतना ज़्यादा है कि सर्म्पक मात्र से वह दूसरों में धधक उठता है, और मन के तर्कों द्वारा भी ढँका नहीं जा सकता। इसीलिए उस 'नव मानव' की ज्वाला 'जग जीवन दायक' है। सबसे पहले मानसजीवी को वह 'मनस्' के धरातल पर अनुभूत होती है :

ओ अग्नि चक्षु, अभिनव मानव!
सम्पर्कज रे तेरा पावक
चेतना शिखा में उठा धधक,
इसको मन नहीं सकेगा ढँक!
यह ज्वाला जग जीवन दायक,—
स्वप्नों की शोभा से अपलक
मानव भू सुलग रही धक् धक्!
ओ नवल युगागम के अनुभव![1]

उसमें न केवल मनस् को धधकाने की शक्ति है, हृदय को नय प्रकाश देने का

---

1. उत्तरा, पृ. 44 (तृतीय संस्करण)

भी सामर्थ्य है। इतना ही नहीं, वह ज्योतिर्मयी शक्ति नए ख़ून की उर्वरता भी प्रदान करती है, इसीलिए नए मानवीय द्रव्यों की सम्भावनाओं से भरे पोत सृष्टि के अन्धकार-सागर पर तिरने लगते हैं। वह नई उषा को वरण करने वाली अनादि वैदिक चेतना है :

नव ऊषा का स्वर्णाभ वरण
वह शक्ति उतरती ज्योति चरण,
उर का प्रकाश नव कर वितरण!
नव शोणित से उर्वर भू मन,
शोभा से विस्मित कवि लोचन,
अब धरा चेतना नव चेतन!
× × ×
नव मानवीय द्रव्यों से भर![1]

यह नया मानवीय द्रव्य देवताओं को भी पराजित करने वाला है। वे यदि धरती पर आएँगे तो नर की छाया में। उसकी नवीन श्री से धरती का ख़ून रँग जाएगा। उसकी 'स्वर्ण चेतना' की ज्वाला नए प्रकार की मानव जाति उत्पन्न करेगी, ऐसी जो 'मानवों का मानव' होगा, मर्त्य धरती को न केवल स्वर्ग बनाएगा बल्कि इससे समस्त भार को धारण करेगा :

वह पूर्ण मानवों का मानव
जो जग में धरता क्रमिक चरण,
वह मर्त्य भूमि को स्वर्ग बना
जन भू को कर लेगा धारण!
अब धरा हृदय-शोणित से रंग
नवयुग प्रभात श्री में मज्जित,
अब देव नरों की छाया में
भू पर विचरेंगे, अन्तःस्मित![2]

कवि को मानव का यह नया रूप कालचक्र में अवश्यम्भावी प्रतीत होता है। 'कला और बूढ़ा चाँद' में 'आधुनिकता' को चुनौती देता हुआ यह मानव 'अत्याधुनिक' है—क्योंकि वह बहिर्प्रसरित नहीं, अन्तर्विकसित होगा, तार्किक नहीं 'चैतन्य पुरुष' होगा,—अन्तः प्रबुद्ध तथा बहिःशुद्ध, एक शब्द में 'ज्योतिपद्म'।

---

1. उत्तरा, पृ. 44-45
2. वही, पृ. 103-104

इसीलिए वह सर्वगत होगा, देशातीतं :

अन्तःप्रबुद्ध
बहिःशद्ध
पूर्व पश्चिम का नहीं,
काल की देन
अत्याधुनिक
अन्तर्विकसित
चैतन्य पुरुष[1],
ज्योति पद्म![1]

द्वन्द्वात्मक भौतिकवाद इस अत्याधुनिकता में समाप्त हो सकेगा क्योंकि वह चैतन्य पुरुष द्वन्द्वों की सार्थकता को प्रज्ञाचक्षु से देखकर समतल द्वन्द्वों के ऊपर उठ जाएगा और सबके सार तत्त्व को सौम्य पंखुरियों के समान समेटकर 'हीरक पद्म'—सा ज्योतित काल-नाल पर खिला रहेगा :

काल नाल पर खिला
नया मानव,
देशधूलि में सना नहीं!
समतल द्वन्द्वों से ऊपर दिक् प्रसारों के
रूप रंग
गन्ध रज मधु
सौम्य पंखड़ियों में सँवारे,
हीरक पद्म![2]

इन विभिन्न बिम्बों या प्रतीकों के माध्यम से कवि ने अपने 'नव-मानव' का स्वरूप व्यंजित किया है। 'सत्यकाम' में कवि के इस नव मानवत्व की खोज का सांगोपांग निरूपण है। किस तरह सत्यकाम आत्मा और प्रकृति का अद्भुत मिश्रण बनता है—इस साधना का वर्णन हुआ है। जो बात उसमें खटकती है, और सर्वत्र पन्त-काव्य में खटकती है, वह है भीषण अथवा जटिल कर्म-जीवन का अभाव। बल्कि 'लोकायतन' में कर्मजीवन के कुछ सरल सूत्रों को 'सुन्दरपुर' ग्राम में संयोजित किया गया है। इसलिए वहाँ नव-मानव का स्वरूप, जितना कुछ कवि से सम्भव है उतना, विश्वसनीय बन पड़ा है। 'पुरुषोत्तम सौवर्ण राम' ही नए

---

1. कला और बूढ़ा चाँद, पृ. 164 (तृतीय वृत्ति)
2. वही, पृ. 164

मनुष्य के रूप में कवि की अन्तर्दृष्टि के सम्मुख पुनः आविर्भूत होते हैं :

पुरुषोत्तम सौवर्ण राम, नव रवि से
विश्व क्षितिज पर पुनः परम श्री शोभित,
× × ×
सौम्य, चाप-शर हीन, खड़े दृग सम्मुख,
आँखों को नव विश्व रूप देता सुख,
जन समूह में श्रम-प्रिय साधारण-से
देख रही तुम में, नव-मानव का मुख!
राजा थे तब, सर्व एक में पूजित,
लोकतन्त्र अब, सब में सहज प्रजाजन,
बँधा चेतना मुकुल एक मुख था जो
आज खिल उठा वह, सहस्र दल बहु बन![1]

साधनों का बहिष्कार नहीं स्वीकार है, पर उनके हाथों में यन्त्रवत् नाचने की जगह अन्तर्जगत् के प्रकाश से परिचालित होगा नव-मानव। अन्तर और बाह्य जगत् का संयोजन ही पर्याप्त नहीं होगा, उसे आत्मा के रस में सुसंस्कृत भी करना होगा :

नवयुग की स्थितियो से ले साधन
अन्तःक्षितिजों से प्रकाश अभिनव,
बहिरन्तर संयोजित वैभव की
रस-संस्कृत परिणति हो नव मानव।[2]

वैज्ञानिक युग को आत्म-संजीवन की आवश्यकता है। इसी के अभाव में सारा हाहाकार है, बौद्धिकता में गतिरोध है—वह केवल 'शुभ्र तमस' बनकर रह गई है। सम्पूर्ण सत्य अत्यन्त गूढ़ है क्योंकि वह बहिर्मुखी या प्रकृति-परस्त न होकर आभ्यान्तरिक आयामों से विकसित होता है, उसका तर्क विश्लेषण नहीं हो सकता, उसे तद्गत बनकर जाना जाता है :

वैज्ञानिक युग को पिला आत्म-संजीवन
अन्तश्चेतन मानव कर रहा पदार्पण!
आर्थिक तान्त्रिक सांमूहिकता की भू पर
नव मनुष्यत्व अवतरित हो रहा भास्कर!
गत युग की जैविक सीमाएँ कर विस्तृत

---

1. लोकायतन (प्रथम संस्करण), पृ. 2
2. वही, पृ. 573

आता सामाजिक मानव अन्तर्विकसित!

× × ×

तुम बौद्धिकता के शुभ्र तमस में फँसकर
मत गिरो सुनहले ध्वंस गर्त में दुस्तर!
जड़ बहिर्मुखी विज्ञान सत्य आंशिक भर,
सम्पूर्ण सत्य का स्वर्ग गुह्य अभ्यन्तर!

× × ×

छू पाता उसको नहीं तर्क विश्लेषण,
तद्गत जीवन-मन की स्थिति उसका दर्पण![1]

इसी रूप में मनुष्य प्रकृति विजित न होकर आत्मजयी होगा, उसकी जड़ता और चेतना दोनों का विकास होगा क्योंकि गूढ़ चैतन्य (जिसे लोग ईश्वर—आत्मप्रभुत्व के अर्थ में—की संज्ञा देते रहे हैं) नर में बदल जाएगा। अवतार या मसीहा की ज़रूरत नहीं रहेगी, स्वयं मनुष्य में ही वह चैतन्य अवतरित होगा :

प्रकृति विजित वह, बने आत्मविजयी,
सृष्टि कोख उपकृत हो पा नव नर,
रुका विकास, प्रतीक्षा में जड़-चित्—
ईश्वर का नर में हो रूपान्तर![2]

यह रूपान्तर अन्तर्जीवन के विकास से सम्भव है। इसमें जीवन की मधुमती भूमिका छोड़ने की ज़रूरत नहीं है, उसे प्राण के पावक से रस-संस्कृत करने की ज़रूरत है। इस 'ज्योति स्फूर्ति' से स्पन्दित प्रेरित वह कर्म-जीवन में अन्तःस्थित होकर संलग्न रहेगा, उद्भ्रान्त या विकल या tense होकर नहीं :

अधिकृत कर रस तत्त्व, प्राण पावक
रजत भाव अम्बर में कर संचित,
ज्योति स्फूर्ति से उर अहरह स्पन्दित
लोक कर्म रत रहता अन्तःस्थित![3]

प्रश्न उठता है कि भीषण कर्म-जगत में अन्तःस्थित कैसे रहा जा सकता है, चिन्तन के क्षणों में यदि सम्भव भी हो जाए तो बाह्य जीवन में कैसे सम्भव है? उत्तर में 'गीता' के निदान के अलावा यह भी कहा जा सकता है कि जैसे-जैसे

---

1. लोकायतन (प्रथम संस्करण),, पृ. 224
2. वही, पृ. 561
3. वही, पृ. 564

अन्तःआलोक बढ़ता है, बाह्य कोलाहल शान्त होता जाता है, कर्म की प्रेरणा चेतना अन्तर्ज्योति का निर्देश या प्लावन बनती चलती है। है यह मुश्किल अवश्य, लेकिन अन्य निदान क्या है? बुद्धिवादी तार्किक की टूटन छिपाई नहीं जा सकती, पश्चिम के निष्कर्ष सर्वविदित हैं। तो क्या जैविक सीमाओं से समझौता कर लिया जाए और सभ्यता को बर्बर युग का आधुनिक संस्करण बनाकर 'आधुनिकता' की दुहाई देते चले जाया जाए, वैज्ञानिकता का नारा लगाए रखा जाए। इस नारे या इस दुहाई का अंजाम क्या हुआ है, और क्या होगा? पार्थिवता के धरातल पर यही न कि एक तरफ़ नारा लगा रहे दूसरी तरफ़ 'बांगला देश' दुहराया जाता रहे! क्या बर्बर जैविकता का संस्कार वैज्ञानिक बुद्धि या तर्क विश्लेषण से सम्भव है? क्या मानवीय सम्वेदना का बौद्धिक धरातल पर्याप्त है? क्या उस स्तर पर मानव-विशिष्टता अपना आत्मसम्मान और स्वाभिमान सुरक्षित रख पाती है? कविवर पन्त आश्वस्त हैं : नहीं। धरती को मानव-विशिष्टता का नया आयाम उपजाना होगा। वस्तुतः युग इसी प्रसव-वेदना से पीड़ित है :

युग-प्रसव वेदना से पीड़ित
गर्भित तुमसे भीतर अन्तर,
नव मानव को दे सकूँ जन्म
मैं नव जीवन की जन-भू पर![1]

'बांगला देश' की ज्वलन्तता ने कवि को इस निष्कर्ष पर सकारण प्रेरित किया है। केवल अन्तर्जगत् के अनुभव के आधार पर ही वह अपने नव-मानव की घोषणा नहीं करता रहा, कटु यथार्थ की प्रेरणा भी उसके पीछे सक्रिय रही है। विज्ञान का युग भस्मासुर बनकर अपने ही सिर पर हाथ रखकर ख़ुद नष्ट हो रहा है। अणु-मृत मानवता को 'आत्म संजीवन' चाहिए, तभी विश्व सभ्यता या संस्कृति बनी रह सकती है अन्यथा नहीं। अन्तर्जगत् के विज्ञान में ही मानव का विकास सुरक्षित है :

पृष्ठभूमि पर यह
हे सोने की बङ्ला भू!
समारम्भ भर
मानवता के नए युद्ध का!
× × ×
सत्यवान की प्रेमी है
उसकी सावित्री!

---

1. समाधिता (प्रथम संस्करण), पृ. 96

उसकी प्रतिभा
अन्तर्जग की वैज्ञानिक
निर्माण कर रही
मनुष्यत्व नव
स्थूल सूक्ष्म कर संयोजन![1]

1. समाधिता (प्रथम संस्करण), पृ. 171-175

निःसर्ग : कवि की अनादि प्रतिश्रुति

बीसवीं शती के उत्तरार्द्ध का साहित्य शब्द को जीवन के स्थूलतम यथार्थ के निकट लाकर खड़ा कर चुका है, और इस यथार्थ को देखने के लिए वैज्ञानिक दृष्टि का आग्रह कर रहा है। विज्ञान और कला में कोई अन्तर रखना युग की माँग के विपरीत पड़ रहा है। मानव-प्रकृति का उद्घाटन, स्थिति का निरूपण, उसकी प्राकृतता का विश्लेषण : यह साहित्य का विज्ञान है। किन्तु मन की वैज्ञानिक दृष्टि क्या सचमुच उसकी सर्वोच्च रचनात्मक दृष्टि बन सकती है? यह एक अहम् प्रश्न है। सृजनात्मक का वैज्ञानिकता से जो भी सम्बन्ध बँधता है वह स्थूल में सृष्टि उत्पन्न करता है, और जब उसका सम्बन्ध निःसर्ग की असीम अन्तःशवित से जुड़ता है तो चेतना में सृष्टि जन्म लेती है—भाव के अभिनव क्षितिज में, कल्पना और दृष्टि के परावैज्ञानिक उन्मीलन में, वस्तु और स्थिति के आन्तरिक इतिहास-बोध में, जीवन की अकुण्ठ अप्रतिहत ऊर्जा में। व्यक्ति और समूह की चेतना का यह अक्षय स्रोत बीसवीं सदी के अलग सात दशकों की यात्रा करने के बाद भी कविवर सुमित्रानन्दन पन्त के काव्य में सुरक्षित रहा। वह इसलिए कि निःसर्ग उनकी नितान्त निजी आत्मीय समप्राण हैं, 'द्वासुपर्णा' की तरह वे उसके साथ निरन्तर रहे। प्रकृति ही उनके संस्कारों, और व्यक्तित्व की चितेरी है, उनकी भावुकता, कल्पना, मननशीलता, मानवता, हार्दिकता, अध्यात्मिकता सबकी प्रसू है, रचनात्मिका है। वे शुरू से आख़िर तक—मार्क्स दर्शन, अरविन्द दर्शन या कोई भी दर्शन मथ लेने पर भी अन्ततः—प्रकृति जैसे सरल, सन्तुलित, अविपन्न, प्रसन्न, अन्तःस्फुरित, छन्दोमय, और गान से अन्दोलित रहे। वे निःसर्ग की तरह ही नैसर्गिक रहे : अन्तर की गहनताओं और मनोमय शिखरों के रहस्यशृंगों पर चढ़-उतरकर मनुष्य को बाह्य निःसर्ग की प्रतिकृति बनाते हुए। निःसर्ग उनकी अनादि प्रतिश्रुति है, वही उनके कवि-व्यक्तित्व की मूल ऊर्जा है, वहीं पर उनके सौन्दर्यबोध, रसबोध, मूल्यबोध, रहस्यबोध और अभिव्यंजना की अक्षय मंजूषा है। भारतीय वाङ्मय में सम्भवतः सुमित्रानन्दन पन्त के समकक्ष कोई भी कवि रचनात्मक स्तर पर निःसर्ग का भोक्ता, सृष्टा नहीं हुआ। प्रकृति के वे स्वरोह हैं, उसके वरदपुत्र।

कविवर सुमित्रानन्दन को निःसर्ग की यह सृजनात्मक अतिवैज्ञानिकता बचपन से वरदान रूप में मिली। वे कौसानी में जन्मे, कूर्मांचल प्रदेश की प्रकृति की गोद में पले। वहीं की घाटी-तलहटियों में विचरण करते हुए, वहीं के ऊँचे पर्वत शिखरों में अवाक् होते हुए कवि के जीवन के आरम्भिक वर्ष बीते। उनके व्यक्तित्व की रचना में कौसानी का संस्कार आधारभूत है। आगे चलकर ग्राम, नगर, महानगर की चेतना भी उसे कुण्ठित नहीं कर पाई, बल्कि इन समतल चेतनाओं को उन्होंने अपने गिरिप्रान्तर की चेतना से समृद्ध किया। उस कौसानी-व्यक्तित्व में कूर्मपृष्ठ की तरह दृढ़ता तथा पर्वत की तरह ऊर्ध्वपीठ पर समासीन होने की क्षमता, जलस्रोत की स्नेहफेनिल स्निग्धता, फूलों की कोमलता और नीलाकाश की उदार विशालता सदैव बनी रही। कूर्मांचल उनकी धातृ रही, वही पितृ भी :

माँ से बढ़कर रही धात्रि तू बचपन में मेरे हित!
धातृ रूपक भर तूने किया जनक बन पोषण
मातृहीन बालक के सिर पर वरद हस्त घर गोपन
मातृभूमि में माँ का मुख शिशु ने पीछे पहचाना!
कूर्मांचल, प्रिय ताल, पुत्र मैं रहा कूर्मवत्, दृढ़व्रत
खींच अघः इन्द्रिय मुख भीतर, ऊर्ध्व पीठ पर अविरत
युगमन मार वहन करना जिसने स्वधर्म नित माना।...[1]

प्रकृति से न केवल उनके स्वभाव का निर्माण हुआ, वरन् उसने उन्हें भीषण वैज्ञानिक दबाव के युग में कविर्मनीषी का 'स्वधर्म' सिखाया। वैदिक मन्त्रों के कुछ छायानुवाद भी उन्होंने शायद इसी प्रेरणा से किए। उनका सारा जीवन और काव्य निःसर्ग का विराट्, मधुर आधुनिक सामगान है। उन्हें लगने लगा कि धरती का मन, मानवप्रकृति के गह्वर-कन्दर जो शताब्दियों की तमिस्रा से आच्छन्न हैं, वे प्रकृति से दीपित होने की प्रतीक्षा में हैं, उससे अपनी संकुचित मनोवृत्तियों के प्रसार की दीक्षा लेने के लिए अँधेरे में वे आँखें बिछाए हैं। मन और प्राण का सारा क्षितिज, सारा आकाश और समुद्र बीसवीं सदी में, बावजूद सारी वैज्ञानिक दिक्-विजय के, धूमिल और अशान्त है। शायद उनकी दृष्टि सुबह के आलोक से नहाए हुए अन्तः ज्योति-शिखरों पर लगी है, और यह सदी अपने 'दिक्' को विजित करके नहीं उसे प्रशस्त और उन्नीत करके ही शान्त तथा निर्घूम हो सकेगी :

रुके मूक भू मानस गह्वर, रुके स्तब्ध गिरि कन्दर।
(शतियों के पुंजित तमिस्र से पीड़ित जिनका अन्तर!)
बिछे प्रतीक्षा में प्रसार होने को तुमसे दीपित!
धूमिल क्षितिज, गरजता अम्बर, उद्वेलित जन सागर

---

1. कूर्मांचल के प्रति; चिदम्बरा (चतुर्थ संस्करण), पृ. 310

जड़चेतना की दृष्टि निर्निमिष लगी ज्योति शिखरों पर,...
मानवता का दिक् प्रशस्त उन्नयन तुम्हीं पर आश्रित![1]

बचपन से ही चेतना का यह दिक्-प्रसार उन्हें प्रकृति से प्राप्त हुआ। उन्होंने 'शैशव और प्रकृति' कविता में स्वीकारा है कि, "*उस पवित्र प्रान्तर की आत्मा/हुई निदिष्ट हृदय में अविदित/प्राणिमात्र में व्याप्त प्रकृति की/गोपन सत्ता रहती निश्चित।*' इसीलिए उनका मन देवोपम बना—अमरों के संग शैशव से ही विचरण करने लगा, निर्मल कौमार्य भावना के स्वप्नपंख लगाकर उड़ने लगा। नेत्रों ने पार्वती शोभा को निहारा, और हृदय असीम तथा शुभ्र बन गया :

दृग शोभा तन्मय रहते नित
देख क्षीर शिखरों का सागर,
उर असीम बन जाता, अन्तः
स्पर्श शुभ्र सत्ता का पाकर![2]

बचपन का यह संस्कार आगे चलकर, मार्क्स के अन्तर्मन्थन के बाद भी, गुलाब में कैपिटलिस्ट की प्रतिरोपित न कर सका! उनका नितान्त निःसर्ग प्रेमी, सौन्दर्य-जाग्रत मन गुलाब के रूपरंग में प्रेम की मौन शोभा को पकड़े रह सका, और उस पर व्यंग्य न करके उससे विनती की :

तुम अपनी
अनिमेष सुषमा की
शुभ्र गहराइयों का रहस्य
मेरे मन की आँखों में
खोलो[3]

प्रकृति की सबसे ख़ूबसूरत और सुकुमार सृष्टि गुलाब ने उनके मन की आँखें खोलकर उन्हें दिखाया कि वह सजीव प्रेम था, उसकी निर्बध सुगन्धि में उन्मुक्त प्रेम साँसें ले रहा था। इसलिए, बजाए वर्ग-संघर्ष की कटुता से भरने के, उनका हृदय असीम माधुर्य से भर गया। जीवन की सारी विषाक्तताएँ झेल चुकने पर प्रेम ही कविवर, पन्त को जीवन का रहस्य लगा, उसकी 'अक्षय शोभा', को निहारने में ही उनके मन की आँखों को तृप्ति मिली :

मैं अवाक् रह गया!
वह सजीव प्रेम था!

---

1. गन्धवीथी। (डॉ. कुमार विमल) कूर्मांचल के प्रति, पृ. 63
2. वही, शैशव और प्रकृति : पृ. 53
3. वही, प्रेम, पृ. 242

मैंने सूँघा
वह उन्मुक्त प्रेम था!
मेरा हृदय असीम माधुर्य से भर गया!
...मैं गुलाब की
अक्षय शोभा को
निहारता रह गया।[1]

हृदय की असीम माधुर्य से भरने की प्रेरणा निसर्ग ने उन्हें दी। प्रतिद्वन्द्विता और प्रतिस्पर्द्धा के युगान्ध गर्जन-तर्जन में इस 'गुलाब की मौन शोभा' को देख सकना, और महफ़ूज़ियत से उसे बनाए रख सकना निश्चय ही स्तुत्य है। और पन्तजी युग के विषवमन में ऋषि-कवि की तरह 'मधु की गहरी परख' में लगे रहे। मधुछत्र के निर्माण में लगी 'ममाखी' में अपने कवि-जीवन की सार्थकता खोजते रहे :

ओ गीत सखी
ये बोलते पंख मुझे भी दो
जो गाते रहते हैं,
और
वह मधु की गहरी परख
मैं भी
मधुपायी उड़ान भरूँगा!
मानवता की रचना
तुम्हारे छत्ते-सी हो
जिसमें स्वर्ग फूलों का मधु,
युवकों के स्वप्न,
मानव हृदय की
करुणा ममता
मिट्टी की सोंधी गन्ध भरा
प्रेम का अमृत
प्राणों का रस हो।[2]

अमृत-संचय में समसामयिकता भले ही न दीखे, पर बावजूद वैज्ञानिक दृष्टि के, विज्ञान के मुमूर्ष मानव जाति के संजीवन के लिए, मानवता की नई रचना के लिए इससे बढ़कर और कौन प्रक्रिया हो सकती है? यह अमृत ही कुण्ठित मानव को स्वस्थ और संजीविता कर सकने में समर्थ है, इसलिए वरेण्य है। 'प्राणों

1. गन्धवीथी, पृ. 243
2. मधुछत्र, पृ. 238

के रस' का 'छायाकाल' से ही प्रकृति के रूप रस गन्ध वर्ण के माध्यम से कवि पन्त ने संचय करना सीख लिया था। तभी, कवि-जीवन की शुरुआत ही, इसी प्रकृति-वैभव, सौन्दर्य के ऐश्वर्य से मण्डित अद्भुत रसस्रोतों से हुई। यहाँ तक कि वे अधरामृत के मद से भी नहीं बहल सके, उन्हें उषा-सस्मित पल्लव और सुधारश्मि-स्नात जल सम्मोहित किए रहा।

उनके कवि-जीवन की प्राणचेतना के कल्पायन में सुधारश्मि से घुला जल और नवोदय की उषाओं से निखरे फिसलय-दल हमेशा महत्त्वपूर्ण रहे। उनके लिए भू और भूमा में कोई अन्तर नहीं रह गया। भू की मृण्मयता में भूमा की चिन्मयता जो कवि पहचान सकता है वह निश्चय ही आगे चलकर मानव-प्रकृति का कल्पायन कर सकता। प्रकृति के हरे-भरे प्रसार, नीले उच्छाय, सुनहली गहनता में उन्हें मनुष्य के अन्न, प्राण, मनोमय संस्कारों को भूमा की आकृति में ढालने के सहज बीज उपलब्ध हो गए :

निश्चय, भूमा की आकृति में यह मृण्मय भू निर्मित
अन्न, प्राण मन जीवन के अक्षय वैभव से झंकृत...
हरित प्रसारों, नीलोच्छ्रायों, स्वर्ण गहनताओमय![1]

तादात्म्यजन्य भूमा में यह रूपान्तर कवि-जीवन के लिए किसी भी दर्शन से बढ़कर महत्त्वपूर्ण है। मृण्मयता का यह हरा-नीला-सुनहला कल्पान्तर नैसर्गिक है इसलिए अद्भुत है। उनके 'छायाकाल' में ही इसकी शुरुआत हो गई थी। 'नक्षत्र' को न जाने कितनी तरह से सम्बोधित करते हुए वे कहते हैं :

ऐ अनन्त की अगम कल्पना,
ऐ अशब्द भारति अविषय,
आदि नग्न सौन्दर्य निरामय!
मुग्ध दृष्टि की चरम विजय![2]

उनके सम्बोधन जैसे शेष ही नहीं होते, विशेषणों की धुँआधार कविता रचते हुए अन्त में वे ध्यानस्थ से हो जाते हैं, और अपने को प्रकृति की तरह स्त्रीलिंग में व्यक्त करते हुए निवेदित करते हैं :

नित वसन्त, निशि के नन्दन वन,
भावी दिवसों के जलयान
खड़ी कुमुदिनी-सी में कब से। नयन मूँद करती हूँ ध्यान!

और जब उनमें नवीन दृष्टि स्फुरित हुई, माया छाया कुछ छँटी, तब 'चन्द्र

---

1. कूर्मांचल के प्रति, पृ. 63
2. गन्धवीथी, पृ. 97

के प्रति' कविता में जो उद्‌गार रस-कवि ने व्यक्त किए वे अधिक संयत, अधिक गम्भीर और मधुर सुलगन से भरे हुए हैं। चन्द्र अन्तर के रूपान्तर की शीतल अग्नि धारण करने वाला रजत-कनक पात्र बन जाता है :

एहो शीतल पावक वाहक
रजतकरों के कनक पात्र में
अग्नि लिए तुम अन्तरदाहक![1]

चन्द्र 'प्राणों के तप का पावक', 'मनसिज! का रहस कलाधनु' बनकर चारों दिशाओं में ममता के मधुमकरन्द से भरे मानस-उत्पल के ज्योति, प्रीति दल खिलाता, 'सूक्ष्म गन्ध मद का उद्‌भावक' बन जाता है। धरती का गन्धमद चन्द्र के गन्धमद से अभिषिक्त हो दिव्य बन जाता है, मनसिज मानस का 'स्वप्नोत्पल' बनकर निखरता है। भावों की यह जो शील ज्वाला फैलती है वह उमरख़य्याम की मधुज्वाला न होकर, प्रकृति की रूपान्तरकारी ज्वाला है : सृजनहर्ष से मन को हिल्लोलित कर, अन्दर से बाहर तक 'रहस' बनकर फैल जाने वाली व्यथा की ज्वाला :

सुलगी मधुज्वाला अन्तर में
फैली गिरि वन में सागर में
अम्बर की छाया बीथी के
निःस्वर रहस व्यथा के गायक![2]

स्वयं कवि पन्त सृजनक्षमता में चन्द्र की तरह ही 'निःस्वर रहस व्यथा के गायक' रहे, और इस निःस्वर व्यथा से न जाने कितने नूतन भावों को वाणी दे गए। उनका सारा उत्तर-काव्य इसी अक्षय सृजन का साक्ष्य है। कवि ने 'सोनजुही' का एक अत्यन्त अल्हड़ पार्थिव मुग्धा नायिका के रूप में फुर्तीला चित्र प्रस्तुत करते हुए भी, उसके मिस प्राणों के रज तक को बदल डाला। मनुज संघर्षों से श्लथ, कर्दम से लथपथ रज तम की रेंगती रीढ़ ऊर्ध्वमुखी हो, स्वयं को प्रकाश के प्रति अर्पित करते हुए प्राणों के स्वर्णिम हुलास से मर जाती है। प्रकृति के निविड़ सान्निध्य में 'अन्तर्मुख विकास' का पथ है, कर्दम के बीच 'उर सुवास' का प्रस्फुटन है, मानवमन की 'नवदीक्षा' है :

मूल स्थूल धरती के भीतर
खींच अचेतन का तम बाहर
वह अपने अन्तर का प्रिय घन
शान्ति ध्वजा-सा शुभ्र मणि सुमन

---

1. गन्धवीथी, चन्द्र के प्रति, पृ. 221
2. वही, पृ. 222

कम्पित मृदुल हथेली पर घर
उठा क्षीण भुजवृन्त उच्चतर,...
अर्पित करती, लौ, प्रकाश को
निज अधरों के अमृत हास को
प्राणों के स्वर्णिम हुलास की!
सोनजुही की बैल
समर्पित करती अन्तर्मुख विकास को
उर युवास को!
मानवमन कर रहा प्रतीक्षा
सोनजुही से ले नव दीक्षा... [1]

निःसर्ग कवि पन्त की माँ, सहचरी, प्राण रही तो गुरु भी रही है। वह उन्हें दीक्षा देती रही है, उनकी चेतना में अपनी गूढ़ भाषा के मन्त्र स्फुरित करती रही है—रूप, रस, गन्ध, स्पर्श, शब्द के न जाने कितने अजर स्रोत बहाती रही है। उपवन में खिले फूल उनके मन में अनवरत कुछ गाते रहे हैं, कुण्ठा और हताशा के युग में मधु घोलते हुए, काँटों के वन में सौरभयुक्त तथा हँसमुख बने रहने की कला सिखाते रहे :

ये जो हँसमुख फूल खिले
मधु के उपवन में
ये कुछ गाते रहते मन में!
भू रज से तन, किरणों से रंग
नभ से रूप, अरूप अनिल से
मृदुल रेशमी पँखुड़ियों के ले अंग,...
ये कृतार्थ करते बीजों की
सो रंगों में विहँस एक संग!...
ये जो सौरम फूल खिले काँटों के वन में
ये हँसते रहते रे मन में! [2]

पृथ्वी की रज का कवि ने, कभी तिरस्कार नहीं किया। हाँ, उसके दलदल की कभी वन्दना नहीं की, वरन् उसे आकाश के रूप, प्रकाश के रंग, हवा की मृदुलता से मण्डित कर नया रूप दिया। यह प्रकृति ही है जिसने उन्हें यह नई पार्थिव कला सिखाई! निःसर्ग धरती पर रूप, रस, गन्ध, स्पर्श का समवेत मधुर लोक है...प्रकाश, मृदुलता, सौन्दर्य का मूर्त विग्रह! इसमें तद्गत ही, मानव

---

1. सोनजुही, पृ. 225
2. फूलों का दर्शन, पृ. 233-34

व्यक्तित्व को चरस-मजुंआना-डिस्कोथीक संस्कृति की शरण में जाने की ज़रूरत नहीं होती। 'नैचुरलिस्टिक' दर्शन की चरम उपलब्धि स्वयं प्रकृति है। शान्ति, प्रकाश, स्निग्धप्रेम इसके सहज प्रसाद हैं। पन्तजी बादलों के देश, भावनाओं के सूक्ष्म घूम वाले 'वाष्प घन' प्रदेश के आदिवासी हैं। लेकिन उसकी सार्थकता इसी में मानते हैं कि वह रिमझिम बरसकर, मिट्टी में घुलमिल, जीवन की नई हरियाली बनकर विकसे। उन मेघदूतों को घर-घर पहुँचाना चाहते हैं वे :

ओ बादलों के देश
भावनाओं के सूक्ष्म घूम
चेतना के शुभ्र फैन
में आदिवासी हूँ तुम्हारे प्रदेश का!
...ओ आत्मपरक गीत
अतिकल्पना के मेघदूत
तुम्हारे इन्द्रधनुष की। मैं चूनर बनाऊँगा
घर-घर फहराएगी
तुम्हारी बिजली को बाँहों में लिपटाऊँगा
युवकों को सिहराएगी![1]

जन-जन की प्रकृति की अन्तश्चेतना वितरित करने में उनका कविकर्म धन्य हुआ है। सूर्योदय तो रोज़ होता है, और हम इतने अभ्यस्त हो चुके हैं उसके कि शायद ही कभी कोई नवीनता दीखती हो! पर कवि को उसकी 'फालसई तूली' में नित्य नवशोभा गुन्थी दीखती है। प्राणों के प्रांगण में श्री शोभा की स्वरलिपि की यह रचना उसे प्रकृति से मिली है। यह अनन्तयौवना प्रकृति इसीलिए भव का विषाद हर लेती है। सूर्य 'भू यौवन के पावक घट-सा', सूनी दिशाओं के हृदय को भरता हुआ, जीवन के आँगन पर अभिनव स्वर-लिपि उड़ेलता रहता है :

फालसईसूली से किरणें
नव शोभा की स्वरलिपि लिखतीं
जीवन के आँगन पर![2]

कवि सूर्य से स्वरलिपि सीखता है, सरिता से छन्द, उदधि से लय, और अपनी 'भावप्रिये' प्रकृति में धरती स्वर्ग की एकाकारता चीन्हते हुए उसके चैतन्य-वैभव को तदगत अन्तर में साकार करता चलता है। प्रकृति से प्रश्न करता हुआ वह पूछता है :

---

1. बाष्प घन, पृ. 248-49
2. सूर्योदय, पृ. 259

सुलभ कहाँ होती
वह पदगति
धरा-स्वर्ग-क्रम आश्रय!
भावप्रिये
तुम धूपछाँह
संसृति पट में अवगुंठित
अपने को
तदगत उर में
चेतना शिखे
ऐश्वर्य मौन
करती जाती उद्घाटित![1]

नवचेतना का सारा ऐश्वर्य प्रकृति ने ही कवि को प्रदान किया। उसने कविवर पन्त की समग्र चेतना को इतना भर दिया कि बाहर की सतहों के प्रति उसकी कोई कटु प्रतिक्रिया नहीं उपजी। सारे अनुभवों को कवि, प्रकृति की शैली में रूपान्तरित करता हुआ सृजनशील बनाता चला गया, और इस सृजनशीलता में धरती का आक्रोश स्वर्ग की शान्त उदात्त स्वरलिपि पढ़कर एक नए विभाजन में, एक बिलकुल नई क़िस्म की कविता में (जिसे स्वर्था काव्य, उत्तरकाव्य, चेतनावादी काव्य आदि की संज्ञाएँ दी गई हैं) परिणत हो गया। प्रकृति की लय और गति ने कवि को 'धरा-स्वर्ग-क्रम' की एक नई दृष्टि दी, जिसका उसने 'नव-मानव' के संस्कार रचने में उपयोग किया। जो लोग पन्त पर पलायनवादी, समसामयिकता से विमुख, व्यर्थ चिन्तन-दर्शन का आरोप लगाते हैं वे उनकी अन्तश्चेतना के इस नए विभाजन से अनभिज्ञ लगते हैं। 'प्रकृति का प्रांगण' कविता में कवि ने स्वीकारा है कि यद्यपि उनका मन 'वाङ्मय, संस्कृति, श्रुतिदर्शन' में रमता रहा है, पर ये सब तो रास्ते थे–'मग', उसका अपना संसार, 'जग' जहाँ वह तन्मय होता रहा है वह प्रकृति ही रही है। उस 'जग' में तन्मय रहते हुए वह यथार्थ जगत के तम से जूझता रहा मन के प्रकाश कणों के सहारे। अन्त में वह भौतिक-आत्मिक को एकाकार करता हुआ जीवनमंगल का कलश गढ़ गया। उसने लोकहित ही मधुसंचय किया, अपने भोग के लिए नहीं। विष ज्वाला पीते हुए ही 'ममाखी' जैसा कवि-व्यक्तित्व गढ़ने की कामना से वह अभिभूत रहा। पलायन शब्द को जिन्होंने छायावाद काल से रट रखा है वे उसे अन्त तक दुहराते रहेंगे, क्योंकि कवि की अन्तःप्रकृति के असीम शक्तिलोक में न केवल वे अजनबी हैं, वरन् उसके प्रति 'एलर्जिक' भी हैं। भौतिक शक्ति की उपासना के युग में, अहं और मद की अम्यर्थना की अर्थव विद्या के जादू के बीच प्रकृति के सरल, मधुर, रमणीय, कोमल-सुन्दर किन्तु उदात्त सामगायक का स्वर

1. प्रकृति से प्रश्न, पृ. 270-71

पहचानना असम्भव नहीं तो मुश्किल अवश्य है। पर कोई पहचाने या न पहचाने, वह अपना कवि जीवन प्रकृति के उदात्ततम स्थविर और मधुरतम रंगनायक हिमालय के शुभ्र चरणों में अर्पित कर विलीन हो गया। उसने क्या पाया, और क्या दे गया इसे थाहने का साधन क्या है सिवाय उसकी कविता के :

जूफ धरा-रज के तम से
मन का प्रकाश कण
क्या पा, क्या दे सका
थाहने का क्या साधन
सो सो मनुजों का जीवन होता कवि जीवन
उसके सुख-दुःख, हानिलाभ?
सम्भव न परिगणन!
पीता वह भू मन के
रागद्वेष के दंशन
उसके सृजन स्वप्न सम्वेदना.
ब्रह्मा के घन!
स्वर्ण-मृग-सा गूंज
शुभ्र एकान्त हृदय में...
अन्तर को कर लीन
लोकहित मधुसंचय में...
लाद गया अह, निबल पीठ पर
भू जीवन दुःख...
विष ज्वाला पी
बरसाते उर-मेघ अमृत सुख
प्रभु, भू पर हो
भौतिक आत्मिक जीवन मंगल
सितगिरि, तेरे चरणों पर
अर्पित दुःख फल![1]

'बोध' का स्वरूप है जड़-चेतन, प्रकाश-अन्धकार का सांग-संयोजन। प्रकृति से बढ़कर यह व्यापार कहाँ घटित होता दिखाई पड़ता है? वह भी सौन्दर्य और विस्मय की कुहेलिका फैलाए हुए। 'ताराचिन्तन' में कवि पर्वतप्रदेश के विस्मयकर तारापथ के स्मरण के बहाने न केवल द्वैत का अद्वैत बोध जाग्रत करता है, बल्कि प्रकृति का रसद्रवित, सौन्दर्यमण्डित रूप आँखों के सामने फोकस कर देता है, जो

---

1. प्रकृति का प्रांगण, पृ. 277

हमें चमत्कृत करता है :

लिपटी-सी द्राक्षा लतिकाएँ
मधु रस प्लावित
घने तीलिमा के बाड़े में विस्तृत—
अगणित ताराएँ
मधु छत्ते पर सी पुंजित
करती दृष्टि चमत्कृत।
अन्धकार के झीने अवगुण्ठन से आवृत्त
करती वे मन को चिन्तन में मज्जित
क्या रहस्य दिग् व्याप्त
गुहय अन्धकार का
प्रश्न पूछते हों अपने से विस्मित।[1]

रहस्य भरे प्रश्न तो अपने से ही पूछा जाता है, और 'दर्शन' भी विस्मय से ही प्रस्फुटित होता है। *'बोध दृष्टि से/तम ही का अन्वेषण सार्थक निष्चय'*[2] निष्कर्ष पर वे पहुँचते हैं। जड़-चेतन के भेद को मिटाने की भाषा का इंगित प्रकृति (पर्वत प्रदेश या प्रिय तारापथ) ही देती है, अन्यत्र प्रतीक या रूपक खोज पाना दुष्कर है। इसलिए कविवर पन्त बिम्ब को छोड़कर उत्तरकाव्य में प्रकृति-प्रतीक पर केन्द्रित हुए हैं। भाषा अवश्य अनलंकृत है पर गूढ़ भावों से प्लावित है। कभी-कभी तो वह भाषा इतनी सादी हो जाती है जैसे किसी सुन्दर वस्तु को देखकर बालकों की बोली :

'कितनी सुन्दरता बिखरी,
प्राकृतिक जगत में ईश्वर,
टपक रही गिरि-शिवरों से झर,
लोट रही घाटी में
लिपटी धूप-छाँह में निःस्वर।[3]

प्रकृति का यह चमत्कार भाव कितना सहज़ात है! साथ ही मन के शिखर से घाटी तक फैला, धूप-छाँह में लिपटा सौन्दर्य कवि को 'निःश्वर' करता जाता है। हम अपनी 'क्षुद्रअहंता' में विश्वचेतना से मन को विच्छिन्न कर लेते हैं, और हमारा आनन्द स्रोत सूख जाता है। प्रकृति हमारे भीतर इसी आनन्द-स्रोत को विस्मय-वैचित्रय भरे पर्वतीय प्रांगण में उन्मुक्त कर देती है। दृश्य एकदम परिचित

1. गन्धवीथी (ताराचिन्तन), पृ. 287
2. वही
3. निःसर्ग वैभव, पृ. 291

है, पर लगता है कि हम पहली बार उन्हें देख रहे हैं। प्रकृति-रस से सराबोर पन्त का वर्णन, वर्णन न रहकर भाव की जीती-जागती प्रतिमा में बदल जाता है :

लोटी नीली छायाएँ
कृश रवि किरणों में गुम्ति
दुरारोह भाती ढालें, निश्चल तरंग-सी स्तम्भित!
स्वर्णभाल गिरि सर्वप्रथम करते ऊषा अभिनन्दन
साँझ यहाँ सोती छिप
निर्जन में कर सन्ध्यावन्दन!...
यहीं शैल कन्धों पर सोया जगता गन्ध समीरण!
...स्वाभाविक
यदि मुझे याद आता ईश्वर इस क्षण में।[1]

जिस ईश्वर के सन्धान में मानव मन न जाने कहाँ-कहाँ, कैसे-कैसे भटकता रहा है, जड़ चेतना की ग्रन्थि सुलझाने में युगों से उलझा रहा है, वह प्रकृति में एकदम सुलझा हुआ अभिव्यक्त है। हमारे पास बौद्धिक क्षमता तो है पर मन की 'आँखें' विकसित हम नहीं कर पाए। अन्तःसंयोजित कवि-चेतना ही ऐसा कर सकती है, इसलिए पन्त और प्रकृति न केवल छायावाद काल में वरन् चेतना-काल में भी एकमेक हैं। अवश्य ही मुग्ध कैशोरभाव छंट गया है, रह गए हैं अनाविल छवि सौन्दर्य को देखने की, उससे उन्नीत होने और जीवन के यावत् प्रसंगों का उसकी स्वच्छता से घुल जाने के प्रसंग!

उत्तरकाव्य में, इसलिए पार्वती प्रकृति का अभिसार नहीं, एकसार हुआ अन्तस मिलता है : वह अन्तस जो बचपन और कैशोर की वाह्य प्रकृति को भीतर उतार चुका है, जीवन में ढाल चुका है। इस प्रक्रिया में 'हिमालय' और 'चाँदनी' दो विशेष उल्लेखनीय 'दर्शन' बन गए हैं, दृश्य नहीं, बिम्ब नहीं बल्कि अन्तर्दर्शन—ऐसे दर्पण जिसमें अपने को देखते-देखते कवि स्वयं जीवन-क्रम में शिव बन गया है, और 'चंदिरा'। कोमल मधुर भावों के लिए सूर्य की प्रखरता की तुलना में चन्द्र का वरण तो स्वाभाविक है, पर हिमालय की दृढ़ता, ऊर्ध्वता के साथ उसे समीकृत करना पन्त की प्रकृति का ही संश्लेष है। रूपकों में भी 'रजतशिखर' का 'शरदचेतना' के साथ आश्लेषभाव देखा जा सकता है, कारण ऊर्ध्व और अध उनके लिए अलग-अलग अनुभव नहीं संगुम्फित अनुभव है, पार्वती प्रकृति में यह सर्वत्र संयोजित है। चन्द्रकला से मण्डित सिर्फ़ इस शोभा को निहारने की ज़रूरत रह जाती है जिससे अध्यात्म शोभा-तन्मय, और जगत् घुला हुआ पवित्र हो जाता है। चन्द्र बिम्ब की प्रचुरता पन्त के उत्तरकाव्य में

---

1. निःसर्ग वैभव, पृ. 292

दर्शनीय ही नहीं, सस्पृहनीय है। वसन्त का रूप-रस-गन्ध-वैभव यहाँ नहीं है, पर शरद का अरूप आनन्द और सूक्ष्म अमृत आकाश से पृथ्वी तक व्याप्त है। यह चिन्तन-केन्द्रित नहीं, जीवन व्यापी है, प्रकृति-सम्भूत है इसलिए मानव प्रकृति को शरदचेतना ऐसा घेर लेती है कि कलुष धुल जाते हैं, प्रवाह उमड़ चलता है, और सब पर शीतल सौन्दर्य का ऐसा प्लावन उमड़ पड़ता है कि जाग्रति स्वप्न में बदल जाती है, या समाधि जाग्रति में। चेतना का आमूलचूल रूपान्तर हो जाता है, यही पन्त के उत्तरकाव्य की प्रेरणा भी है, यही उसकी सिद्धि भी। किन्तु यह घटित हुआ है प्रकृति के सान्द्र प्रवेश से। आज की पर्यावरण-विध्वंसी मानसिकता के बीच वे अनादि प्रकृति के प्रस्तोता हैं, यह प्रस्ताव हमारी मानसिकता को भूत जगत् के विश्लेषण और भोग से ऊपर उठाकर हमें हिमालयी चेतना प्रदान करता है, मानव व्यक्तित्व को उन्नत करता है, और 'कंज़्यूम' करने की मनोवृत्ति की जगह आत्मविसर्जन करने को बाध्य करता है। यह विसर्जन हमें अनन्त प्रसार देता है और अवाक् ऊर्ध्वता। कविगान अन्ततः 'सरिता' के गान में बदल जाता है : उसमें कोई ग्रन्थि, कोई क्रुद्ध भाव नहीं, एक स्वतन्त्र शान्त वेग है जो जीवन को हँसमुख बना देता है :

गाओ, बहती जाओ,
हँसमुख जीवन धारा,
गाने ही का
हम दोनों को रहे सहारा।[1]

कवि के अन्दर सरिता का पद-न्यास उतर जाता है। वह 'अपने को/तद्गत उर में/चेतना शिखे ऐश्वर्य मौन/करती जाती उद्घटित' जैसी अवस्था में ढालता जाता है। प्रकृति चित्र न रहकर गान बन जाती है, सहज छन्द वाला गान, आवेगों की गति नहीं। प्रकृति में वे महासंगीत सुनते हैं जो महानन्द का अमृत स्पर्श देकर उन्हें, चराचर को स्पन्दित करती रहती है :

मुक्त महा संगीत सुन रहा हूँ
मैं गिरि कानन का
भूत जगत् जीवन का।
इस असीम के स्वर सागर में
ऊब डूब करता मन,
महानन्द के अमृत स्पर्श का
उर में जगता स्पन्दन।[2]

---

1. सरिता, पृ. 206
2. प्रकृति-जग, पृ. 305

प्रकृति न जाने कब से 'फूलों के क्षण' बिखेर रही है, पर हम उधर देखते ही नहीं। तथापि वह हमारी प्रतीक्षा आँख बिछाए हुए कर रही है :

फूलों के क्षण।
श्री सुषमा में पले,
रूपरंगों में निरूपम ढले
हृदयसने—सौरभ में निर्मल
प्रतीक्षा करते
अपलक लोचन।[1]

ये फूल नहीं अन्तः-प्रहर्ष के क्षण हैं जिसे वर्तमान सभ्यता भूल चुकी है। यह निर्मल हृदय का दर्पण है जिसे हमने विकास की टापों से चकनाचूर कर दिया है। किन्तु प्रकृति के इन फूलों के क्षण में कवि नया विश्व और ईश्वर का मुख देखता है :

नया विश्व होता दिक् कुसुमित
शिशुओं की पीढ़ी में सस्मित
फूलों के पग धर
जन भू पर
अन्तर्यौवन करता विचरण।
ये अन्तः प्रहर्ष के सित पल,
हृदय चेतना दर्पण निर्मल—
जिनमें बिम्बित
ईश्वर का मुख
जिसमें व्याप्त निखिल जग जीवन फूलों के क्षण।[2]

चेतना-काव्य में फूल फूल नहीं, फूलों के क्षण बन जाते हैं। उसी तरह कोयल कोयल नहीं सूक्ष्म सृजन-प्रेरणा की अरूप 'पावक-घन' बन जाती है। वह जीवन के आनन्द-छन्द की प्रतिनिधि बनकर जाग्रत होती है, और भीतर के आनन्द-स्रोत का सन्धान देती है :

कभी न देखा तुम्हें
सुना भर उन्माद गायन,
सूक्ष्म सृजन प्रेरणा स्रोत-सी

1. फूलों के क्षण, पृ. 304
2. वही, पृ. 305

तुम चिर गोपन।
तरूवन के नभ में
अरूप पावक की-सी घन
उर ज्वाला से मुकुलित करती
मधु के दिशि क्षण।
प्राणों की सौन्दर्य भूमि में
पलीं असंशय
तुम जीवन आनन्द छन्द की
प्रतिनिधि अक्षय।

....

सुन उन्मेषित गीत
नहीं मन में अब संशय,
भीतर ही आनन्द स्रोत
जीवन हो तन्मय।[1]

पन्त कभी सौन्दर्य से अलग नहीं हुए, आनन्द की खोज से विरत भी नहीं, और जीवन से रहित नहीं। अन्तर सिर्फ़ यह आया कि ये सभी 'भीतर' उतरते चले गए, उच्छ्वास छोड़कर वे तन्मय होते चले गए। उन्होंने 'गान' या 'उन्मेषित गीत' कभी छोड़ा नहीं, केवल उसकी भंगिमा बदल गई। इसका कारण यही है कि प्रकृति उनके साथ सतत् विद्यमान रही, वह बाहर ही नहीं उनके भीतर सृजित होती गई, इसलिए वे आनन्द-स्रोता का सन्धान पा सके उत्तरकाव्य में, और घर्षण से नहीं, तन्मयता से जीवन का गीत, संगीत रच सके।

धीरे-धीरे प्रकृति इतनी आभरणहीन हो गई कि उसकी कला को समझने के लिए आँख मिचौनी खेलने की ज़रूरत नहीं रह गई। पन्त को चन्द्र के 'शोभा अंकुर' में विधि की कला समाई हुई दिखाई देने लगी, और उनके अन्तर-दृग के सम्मुख अनिंद्य आनन्द के दिगन्तर खुलने लगे। सौन्दर्य केवल सौन्दर्यमात्र न रहकर कला हो गया, आनन्द से एकाकार। कवि उसके माध्यम से अनश्वर शोभा की अमृतमयी पराचेतना में तिरने लगा, डूबने लगा :

वह न भृकुटि, नख, असि ही,
मन की नाव मनोहर,
प्राणों के मोहित सागर तिर
मुझे अनश्वर
शोभा के जग में पहुँचाती,

---

1. गिरि कोयल, पृ. 205, 86, 89

....

ओ रहस्य अँगुलि,
इंगित पा मौन तुम्हारा
मुझे बुलाता-सा
अकूल का नील किनारा।
परा-चेतना लेखा-सी
नभ उर में अंकित
तुम्हें अमृतमयि करता
तन मन सहज समर्पित।[1]

इस रहसकला से कवि के उत्तर-मन में अगणित 'सूख्म भाव सम्वेदन/रस-बोधों में बिम्बित' तारा-पद-चिह्नों से झरते चले गए। चन्द्रकला उनके लिए अनन्त की स्थिति बनकर उदित होती है अन्तर्नभ में, और वे इस रहस-प्रकृति से उपकृत हो जाते हैं। तारापथ में उन्हें 'नौकाविहार' के काल में ही 'दर्शन' होने लगा था। अब वह चिन्तन का नहीं, सृजन का, बोध प्राप्त करने का प्रकृत, प्रशस्त पथ लगने लगा।

चाँद अब भी उनके लिए नायिका है, प्रकृति का सबसे आकर्षक रूप! किन्तु अब दृश्य प्रकृति 'अदृश्य गोरी' का इंगित बनकर मन को न जाने कहाँ खींच ले जाती है!!

टूटी चूड़ी-सा चाँद
न जाने निर्जन नभ में
किसकी मृदुल
कलाई से गिर पड़ा!—
हाय, दूज का चाँद
कौन, जग से अदृश्य,
गोरी होगी वह![2]

उस गोरी का सहज रूप आज भी, कवि जीवन के उत्तर काल में भी उतना ही आकर्षक है। सहज सौन्दर्य क्या किसी शृंगार का मुखापेक्षी है, किसी बिम्ब या अलंकार का? प्रकृति अपना प्रतिमान स्वयं है, इसलिए पन्त की आँखों के सामने प्रकृति देवी साकार हो जाती है :

हरित साड़ी पहने वन भूमि
ओढ़ काँसों का श्वेत दुकूल,

---

1. चन्द्रकला, पृ. 280-81
2. चाँद, पृ. 260

कुन्द दशनों से कर मृदु हास
सुहाती सद्यस्नात, निर्धूल!
कुँई सरसी—वेनी में खोंस,
गूँथ नव हर सिंगार के हार,
मालती के मृदु कंकण बाँध
सजे ऋतु कुसुमों का शृंगार
मेघ पट से दिखला मुखचन्द्र
उठाती हृदय सिन्धु में ज्वार,
नील कमलों की आँखें खोल
प्रकृति देवी ही हो साकार![1]

देवी के अविर्भाव से जन-भू आप्लावित हो उठती है, वस्तु 'भाव' में द्रवित होकर विलीन हो जाती है, और स्थूल धरा आत्मा के अधीन लगने लगती है। आदिम सौन्दर्य के इस प्रकार अनावृत्त हो जाने पर 'बुद्धि दंशित नगरों का क्षुद्र' जीवन बेमानी लगने लगता है। कौमुदी के विदेह सौन्दर्य का मुक्त सौरभ उड़कर हमें घेर लेता है। वह 'गीति लय-सी निःस्वर, अश्रव्य' होकर हमारे भीतर परा प्रकृति बनकर उदित हुई है :

बहिर्नयनों के लिए अदृश्य,
फुल्ल सित शतदल-सी अम्लान!
मृदुल छवि लतिका-सी अस्पृश्य
गीति लय-सी निःश्वर, अश्रव्य,
लाज-सी परा प्रकृति की श्वेत,
पुरुष के विस्मय-सी वह भव्य[2]

इस भव्यता से जीवन क्यों नहीं चकित-थकित हो जाएगा, क्यों नहीं प्रकृति का रूपान्तर-क्षण घेर लेगा?

यद्यपि कवि ने वसन्त ऋतु[3] का भी वर्णन किया है, उसकी श्री के मांसल अलिंगन का भी उसे स्मरण है, उस सज्जाप्रिय मुग्धा के 'धीरोद्धत्त गन्ध-समीरण' के साथ क्रीड़ा-चपलता को भी वह 'रंगों के कोलाहल' में अनुभव करता है, किन्तु ऐसा लगता है कि वह स्मृति भर है, जीवन का फ्लैश-बैक उसे हिमप्रदेश में श्री से शोभित ऋतु शाश्वत रूप से विराजमान तो दीखती है, पर जो ऋतु उसके हृदय का सबसे अधिक आवर्जन करती है वह है शरद। शारदीया का सौन्दर्य उत्तरकाव्य

1. कौमुदी, पृ. 254
2. कौमुदी, पृ. 257
3. वही पृ. 250

को अभिभूत किए हुए है। उन्होंने उसका एक रूपक ही रच डाला 'शरद-चेतना'। शरद के रूप में चेतना का एक ऐसा ज्वार उमड़ पड़ता है जो हमें रूपान्तरण की प्रक्रिया से गुज़ारता है, और कवि को लगता है कि वह सौन्दर्य अनिर्वच ही रह गया है। वही हमें पराचेतना में बहा ले जाती है। यह ऋतु वरदायिनी लगती है, क्योंकि उसकी शुभ्र सुरा पीकर आनन्द अवाक् हो जाता है, सृजन धन्य हो जाता है।[1] वह रक्तकिसलय अधर, स्निग्ध नीलिमा की नत चितवन लिए, 'दुग्ध स्नात सौम्य/चन्द्रमुख/वसन्त'। सी लगती है। यही नहीं, वर्षा ऋतु भी अपने समस्त सम्भार सहित उस पर न्योछावर है :

श्यामल मेघ
रूपहले सूपों की तरह
सिन्धु जल की
निर्मलता बटोरकर
तुम पर उलीचते रहे!
ओ सुनहली आग,
अविराम वृष्टि से
धुलने पर
तुम्हारी दीप्ति बढ़ती गई!
....
ओ स्वच्छ अंगों की
शरद!
तुम्हारे लावण्य का स्पर्श
मुझसे सहा नहीं जाता![2]

प्रकृति का यही असहनीय सौन्दर्य 'कामना की दमक' मिटाता हुआ नई सामाजिकता का शरद-शुभ्र प्रासाद निर्मित करता है, और 'भाव-गौर' होकर 'मानवता का स्फटिक प्रांगण' रचता है। कविवर पन्त इसलिए युवक-युवतियों से 'शील सौम्य/शरद शुभ्र' चरण धरकर मानवता के प्रासाद में आने को कहते हैं। शरद उन्हें नवीन जीवनबोध ही नहीं, नवीन देहबोध भी देगी :

ओ युवक-युवतियों
स्वच्छ चाँदनी में नहाओ,
नग्न गात्र, नग्न मन,

---

1. शरद, पृ. 247
2. वही, पृ. 246

आत्म दीप लिए,
मुक्त चाँदनी में आओ!

नवीन देह बोध पाओं,
रूपरेखाएँ देखो,
रूप सीमाएँ
पहचानो![1]

शारदीया ही नव-मानव की जननी है, नए भावबोध, नए देहबोध की सृजनशक्ति, सृजन का अकलुष बोध। पन्त अन्य ऋतुओं को 'भूवासिनी मानते हैं, केवल शरद को 'नभवासिनि' मानते हैं। वह धरती पर गंगा-सी उतरती है, उसे निर्मल, निर्विकार करने :

भूवासिनि ऋतुएँ अन्य सभी,
तुम नभवासिनि चिर निर्मल री,
वे धरती की रज में लिपटीं
तुम स्वर्गंगा-सी उज्जवल री।[2]

इसलिए 'शरदागम' कवि के लिए अनेक सन्देश लेकर ही नहीं आता, वह उस 'महाचेतना' में कवि की सृजन-चेतना को परिणत भी कर देता है :

निखर उठी नीलिमा, नयनिमा-सी अनन्त की,
निखर उठी नीहार कान्ति निर्वाक् शान्ति में,
वृष्टि धौत नीलिमा रहस आभा से गुंफित
महाजागरण-सी सोई स्मित अन्तरिक्ष में,
निविड़ अकम्पित जल-सी निस्तल निश्चेतन की
महाचेतना के पावक से लगती गर्भित![3]

उस स्वर्गंगा का अवतरण हमें आत्मप्रभा से भर देता है, यह ज्योति-द्रवण हमारे मन प्राण को भिगोकर शोभा में निमज्जित कर देता है, और अमृत चेतना के अन्तः प्रवाह में अपना प्रकृति का सारा कोलाहल डूब जाता है। अद्भुत दृश्य है इस अवतरण का :

चन्द्रकला का मुकुट धरे निज ज्योति भाल पर
हीरक कनियों की शत ज्वालाओं से जगमग,

---

1. शरदशील, पृ. 240
2. शरद का गीत, पृ. 217
3. शरदागम, पृ. 215

तारक लड़ियाँ गूँथ नील लहरी वेणी में
रजत वाष्प जलदों के सतरंग पँख खोल स्मित,
नवल शारदीया सुन्दर सुरवाला-सी हँस,
उतर रही स्वर्गंगा-सी साकार गगन से।

ज्योति द्रवित वह, जिसके स्वन्निल गीलेपन से
भीग रहे मन प्राण मौन शोभा में मज्जित,
अमृत चेतना वह, जिसके अन्तः प्रवाह में
डूब रहे उर के तट, भावतरंग ध्वनित हो,
नीरव कलरव से गुंजित हर्षातिकरेक के![1]

'शरदचेतना', प्रीति की द्रवणशीलता, शुचि हिम हास का प्रतीक, भू के रजतन को स्वर्णस्नात कर देती है। प्रकृति-छवि का वर्णन घटते-घटते मिताक्षर होता हुआ, चेतना की नई गीति-लय में ढल जाता है :

शरद चेतना!
प्रीतिद्रवित अमृत स्रवित
शुचि हिम हसना!
चन्द्रवदन, कुन्द दशन,
उडु स्मित सर उर चेतन,
स्वप्न पलक पद्म नयन,
निःस्वर चरणा!

सौम्य स्निग्ध वयस कान्ति,
मूर्तिमती खड़ी शान्ति,
मिटी विश्व जनित क्लान्ति,
भूत तम अशना![2]

यह एक साथ ही साकार निराकार प्रकृति सम्बोधि है। सब-कुछ धुला-धुला-सा है, ज्योतित है :

घुले निखिल रूप रंग
घुले मधुर प्राण अंग,
निर्मल जीवन तरंग,
कल्मश शमना![3]

---

1. शरदागम, पृ. 216
2. शरद चेतना, पृ. 213
3. वही, पृ. 214

युग-अन्तर बदला-सा महसूस होने लगता है, कोई दुर्लभ निधि हाथ लग गई—सी लगती है इसलिए चन्द्रमुखी ऋतु का कवि ने भूरि-भूरि स्मरण किया है :

कहता नभ कुछ नीरव निस्तल
कँपता भू का श्यामल अंचल,
लहराता निर्मल सरसी जल,
पुलकित रे तन शेफाली वन!

बदल गया कुछ अब डर भीतर
मज्जित ज्योत्स्ना में युग अन्तर
सुलभ हो गया दुर्लभ-सा कुछ,
मेधमुक्त नभ, विरह मुक्त मन![1]

'ज्योत्सना' की तलाश छायाकाल में ही शुरू हो गई थी कवि की। परन्तु तब वह ज्योत्सना का, चन्द्रकला का, शारदीया का आभास मात्र था, उसकी पहली झलक। उनका उत्तरकाव्य इस अमृत प्राप्ति से सराबोर है, कविवर पन्त का मन हर तरह की रहितता (विरह) से मुक्त हो चुका है। वह एक ऐसे प्रणय से अधीर हैं जो जीवन-उन्माद का शब्दातीत अर्थ है :

आकुल सौरभ समीर
छल-छल जल सरित नीर,
हृदय प्रणय से अधीर,
जीवन उन्मादिनी।[2]

यही प्रकृति की हलादिनी शक्ति है। हृदय में उन्मादक प्रणय का अमृत बनकर उतरती है। पर जैसे कवि थकता ही नहीं, वह फिर विरह से घिर जाता है :

शशि असि-सी प्रेयसी स्मृति
जगी हृदय ह्लादिनी
शरद चाँदनी।[3]

पन्त के उत्तरकाव्य में बाह्य प्रकृति मनुष्य की अन्तःप्रकृति बन जाती है। इसलिए उसमें वर्णन संयत तथा क्षिप्र हो उठते हैं, मानवीकृत रूप अतीन्द्रिया आभा से झलमल, और विशेषणों की क़तार ग़ायब हो जाती है। वे कविता की ध्वनि ऊर्जा के भीतर से मणिरत्न की तरह उत्क्षिप्त होते हैं, शब्द को बोझिल न बनाकर अर्थ को उद्दीप्त करते हैं। प्रकृति और उसकी प्रस्तुति का यह रूपान्तरण चेतना

1. चन्द्रमुखी, पृ. 205
2. शरद चाँदनी, पृ. 201
3. वही, पृ., 202

के रूपान्तर की गाथा बनता है। पन्त की काव्यकथा की प्रकृति अन्त तक साथ देती है—न तो छायावाद की तरह आगे-आगे चलकर, उभरकर, न प्रगतिवाद की तरह पीछे, पृष्ठभूमि में छोड़ी जाकर, वह समानान्तर नहीं साथ-साथ चलती है, अर्थ लय की नई सृष्टि करती हुई, सहज छन्दोमयी सदानीरा की तरह। छायाकाल की 'चाँदनी'[1] अपनी लम्बी रूपाम्बरता छोड़ चुकती है। 'तारागीत' अपनी अनुप्रासता भूल जाते हैं और 'पवनगीत' 'सरसर मर्मर् झनझन सन्सन् की थरथराट से रहित हो जाते हैं। रह जाता है प्रकृति का 'प्रसाद' रूप, 'मधुर' रस प्रवण स्वरूप। तब वर्णन में आ जाती है क्षिप्रता, और अनुभावन में आ जाती है तल्लीनता। वह हमें उद्‌ग्रीव नहीं, तन्मय करती है। सारी प्रकृति हमारे भीतर इतनी सरल अकृत्रिम ध्वनियों में बहने लगती है कि हम यह नहीं समझ पाते कि प्रकृति हममें उतर आई है, या हम प्रकृति बन गए हैं :

गाते उर में क्षिप्र स्रोत,
लहराते सर तुषार के निर्मल,
सौरभ की गुंजित अलकों से
छू समीर, उर करता शीतल।[2]

बादल की उर्वरता छँट जाती है। दृश्य वही है किन्तु सारी प्रकृति अब जड़ नहीं चलायमान है। जो कभी चित्रावलियाँ रचती थी, वह अब चित्र की सादगी में भाव के नए उन्मेष लेकर उपस्थित है :

मेघों की छाया के संग-संग
हरित घाटियाँ चलती प्रतिक्षण,
वन के भीतर चित्र तितलियों का
उड़ता फूलों का-सा वन।[3]

प्रकृति अब 'भावगरिमा' से भर गई है। निर्झर अब 'तपःपूत' स्वर्णज्वार से भर उठा है, वरेण्य चेतना का धारक वह कवि को उसके स्रोत तक भी ले जाता है, इसलिए भाषा संक्षिप्त, द्विपदी/त्रिपदी हो उठती है :

तुम झरो हे निर्झर
प्राणों के स्वर
झरो हे निर्झर
चिर अगोचर

---

1. चाँदनी, पृ. 121
2. हिमाद्रि, पृ. 187
3. वही, पृ. 186

नील शिखर
मौन शिखर
चेतना वर।
झरो हे निर्झर।[1]

निर्झर-चेतना में कवि निवास करने लगा है, वह एक श्रेष्ठ (वर) चेतनता है जो अमर सौन्दर्य को स्वर्ण जवार से भरती हुई धरा पर उतर रही है : सतत, मौन, सद्य, 'ज्योतिस्तम्भ तुल्य'![2]

यही अवस्था सावन की भी हो गई है, यद्यपि मेघ 'झम झम झम झम' बरस रहे हैं, बूँदे 'छम छम छम' गिर रही हैं और बिजली भी 'चम चम' चमक रही है, आँधी भी 'हर हर' कर रही है, तरू 'चर चर'। स्वरों के इस ऑरकेस्ट्रा से उर में एक सम्मोहन बुनता चला जाता है, जो भीतर से अन्तर को छूता है। और कवि प्रकृति में झूला झूलते हुए नए जीवन का समूह-गान छेड़ना चाहता है :

पकड़ वारि की धार झूलता है मेरा मन,
आओ रे सब मुझे घेरकर गाओ सावन।
इन्द्रधनुष के झूले में झूलें मिल सब जन,
फिर फिर आए जीवन में सावन मन भावन![3]

कविता लोकभाषा के गीत बुनने लगती है, शब्द सरल से सरलतम हो जाते हैं—रह-रहकर हिल्लोरें लेता है एक आन्तरिक प्रहर्ष जिसमें लोकमन भी शामिल हो गया है। अवश्य ही, उन्होंने लोकमन को स्वर्गिक इन्द्रधनुष की पेंगों पर झुलाया है, इस प्रकार उनकी प्रकृति ने लोकमन को एक नई चेतना से भर दिया है। 'कूर्मांचल के प्रति' में उन्होंने पूछा, 'क्या न स्वर्ग सुख से निःसर्ग मुख सुन्दर?'[4] और उत्तर में उन्होंने प्रकृति की 'रजत मुकुर सरसी' में अनन्त का मुख बिम्बित कर दिया। तब अनेक अलिखित गीत, अस्फुट भाव, अरूप छन्द प्रकट होने लगे जिसने मानव चेतना को जड़ मूल से बदलने का उपक्रम किया :

विहगों के स्वर उर में अलिखित गीतों के पद बुनते,
तरू वन की अस्फुट मर्मर में भाव अचेतन छनते,
क्षिप्र मुखर स्रोतों में रहते अगणित छन्द तरंगित![5]

---

1. निर्झर, पृ. 198
2. वही, पृ. 197
3. सावन, पृ. 199
4. आत्मिका, पृ. 57
5. आत्मिका, पृ. 59

अन्तर यह आ गया कि वैदिक ऋषियों की ऋचाओं की जगह गीत पद उत्सर्जित होते चले गए : इनमें लोक-वेद का अन्तर मिट गया। क्योंकि प्रकृति पन्त के लिए निगम भी है, और आगम भी। जीवन-रचना, केवल काव्य-रचना नहीं, उसके बिना अधूरी है। उनका काव्य-जीवन इससे रंगा पड़ा है, इसमें रचा बसा है, आधुनिकता या उत्तर-आधुनिकता इसका रंग और स्वाद फीका नहीं कर पाती।

इसका कारण है। सभ्यता के जिस मोड़ पर हम खड़े हैं वह बौद्धिक विकास (?) का दम भरती है किन्तु मौलिक मनुष्यता के ह्रास की क़ीमत पर। अभियान्त्रिकी ने उसके जीवन को यान्त्रिक और अनन्दरहित बना दिया है। पन्त को यह युग जीवन-रूपान्तर का लगता है[1], जिसमें गृहवन दोनों विकासपथ पर हैं, केवल प्रगति-पथ पर नहीं। इस विकास पथ से चलने के लिए 'पराचेतना' की अपरिहार्यता आ पड़ी है, वैज्ञानिकता के बूते यह सम्भव नहीं। और पराचेतना सृष्टि में ही साँस ले रही है, किसी अदृश्य स्वर्ग में नहीं।[2] कवि का विश्वास है कि खग गाकर, फूल मौन रहकर अशब्द भाव उड़ेल रहे हैं, और इन सबके पीछे है 'सृष्टि विस्मय।' इस 'विस्मय' को विज्ञान चाहने पर भी भंग नहीं कर सकता, न ही उसका विश्लेषण कर सकता है। प्रकृति पुरुष का कुटुम्ब बनी यह धरती-प्रकृति 'रस-उपकृत' है :

यह प्रकृति पुरुष का प्रिय कुटम्ब—
रस उपकृत रहते सचराचर।
धरती की आकांक्षाएँ ही
खिल पड़तीं रंग सुमन बनकर,
....
यह रति उन्मद पद पायल ध्वनि
सुन पड़ती सरिता की कलकल,
प्राणों के जीवन से प्रमत्त
जगती रोमांचित रंगस्थल।[3]

इस 'रंगस्थल' से आँख मूँदकर हम सभ्यता की प्रगति की दुहाई दे रहे हैं। पर भारतीय अस्मिता में प्रकृति, मानव, ईश्वर के त्रिकोण के बिना कोई अनुभव पूरा ही नहीं होता। इस 'त्रिक' पर उसकी आस्तिकता आज भी अक्षुण्ण है। और इसमें अखण्ड अस्तिकता के रक्षक, सर्जक कविवर सुमित्रानन्दन पन्त अग्रणी हैं। यह सच है कि उन्होंने 'प्रकृति-दर्शन' जैसा कुछ नहीं गढ़ा, किन्तु यह सच नहीं

1. परा चेतना, पृ. 311
2. वही, पृ. 311
3. वही, पृ. 311-12

है कि 'पन्त ने अपनी उत्तरकालीन रचनाओं में अनुभूत और कल्पित चिन्तन को प्रकृति के माध्यम से संवेगधन बनाकर सम्वेदना के धरातल पर उतारना चाहा।[1] प्रकृति पन्त के लिए कभी 'माध्यम' नहीं बनी, वे सदैव उससे एकमेक रहे। इसीलिए डॉ. कुमार विमल अपनी ही कही बात भूलकर यह कहते पाए गए, ...किन्तु, 'चेतना-स्पर्श' में तो यह संकेत उज्जवल 'सम्बोधि' बन गया है।[2] यह जो दो तरह की बातें उठती दिखाई देती हैं वह इसलिए कि पन्त के उत्तरकाव्य का बहुत-कुछ अंश 'सम्बोधि' पर टिका नहीं रह सका, उससे स्खलित होकर 'प्रवचनकाव्य' या 'मंचकाव्य' पर उतर आया है। उनका प्रकृति-बोध भी इससे अछूता नहीं रह सका। वे प्रकृति-मंच पर खड़े क़रीब-क़रीब 'प्रवचन' देते हुए से प्रतीत होते हैं :

बहु में एक, एक में बहु के
मूर्तिमान बन जीवन दर्शन।
ये जो सौरभ फूल खिलें काँटों के बन में
ये हँसते रहते रे मन में।[3]

इस तरह की वाचकता 'तराचिन्तन' में भी घुस पड़ी है। पर अधिकांशतः वे 'प्रहसित शोभा' के प्रकृत कवि हैं। प्रवचन के क्षण प्रकृति-सन्दर्भ में कम ही आए हैं। वे अधिकतर प्रकृति के 'पावन-गोपन/पूर्ण-मधुर क्षण' के साक्षी कवि हैं :

सुन्दर,
तुम हो मर्त्य अमर।
क्षण जन्म-मरण जीवन मन से पर
एक चेतना आज छू गई अन्तर
जिसमें विश्व चराचर।[4]

यह सृष्टि प्रेम ही उनके लिए पतझर को नव सृष्टि का सूत्रधार बना देता है :

हे दुर्दम, सीत्कार भरो हिम कवलित भव कानन में,
गूँज उठे जीवन जर्जर कंकालों का सूनापन,
रूधिर गा उठे हृदय शिराओं में भर यौवन स्पन्दन,
नवल प्रवालों की शोभा सुलगे विषण्ण दिशि क्षण में।[5]

1. डॉ. कुमार विमल : गंधवीथी की भूमिका, पृ. 42
2. वही, पृ. 43
3. फूलों का दर्शन, पृ. 234
4. प्रहसित शोभा, पृ. 278-280
5. पतझर, पृ. 230

प्रकृति का सारा बोध 'पुरुष' के बिना अबूझ है। इसलिए पृथ्वी का ही नहीं, प्रकृति का मानदण्ड 'हिमालय' पन्त के प्रकृति-बोध का शीर्ष अनुभव है। वह प्रकृति का बिम्ब या प्रतीक नहीं 'आद्य बिम्ब' है, भारतीय मनीषा का भी, और भारतीय अस्मिता का भी; केवल भौगोलिक बोध नहीं, आत्मिक बोध है। पन्त हिमालय पुत्र हैं, उनमें यह बोध जितना उत्कीर्ण है उतना कालिदास में भी नहीं। उनके उत्तर-काव्य की प्रकृतिक सुषमा की तो वह रीढ़ है—ऊर्ध्वरीढ़। बिना 'हिम अंचल' के पन्त की कविता का सारा उत्तर-बोध अधूरा रह जाएगा। उसमें अगोचर स्रोत वेणु बजाते हैं एकान्त निर्जन में, नद डिमिक डिमिक डमरू बजाता हुआ सत्ता के भेद खोलता है। सर्वत्र 'शुभ्र उर एकान्त' का सृजन करता हुआ हिमांचल भू और स्वर्ग के बीच शब्द रहित सेतु रचता है :

बैठकर हिम-चोटियों पर
मौन, सित एकान्त गाता।
देखता-सा नील का मुख
फिर धरा की ओर उन्मुख
सेतु-सा वह स्वर्ग-भू के मध्य
शब्द रहित सुहाता।[1]

लेकिन यह अशब्द रूप कवि को खींचता है अपनी अन्य विशेषताओं के कारण अधिक, सेतु होने में कारण कम। वह प्रकृति में ही प्रकृति का अतिक्रान्त (trancendent) रूप है। एक-से-एक विशेषण चुनते हुए कवि उसे, 'आत्मगरिमा' में जाग्रत होने के कारण, आत्मा के आद्यबिम्ब-स्वरूप प्रस्तुत करता है :

दूर वहाँ, उस पार, मर्मरित अन्तरिक्ष के
ऊपर नभ का नील चीरते, शुभ्र रजत के
शिखर दिखाई पड़ते जो स्थिर ज्योति ज्वार—से
तड़ित चकित जलदों के खुलते अन्तराल से,
मौन, अटल, उल्लंग, आत्म गरिमा में जाग्रत,
शाश्वत, अमर, असीम, परम आनन्द लोक से
स्वर्ग क्षितिज को उठे धरा विश्वास स्तम्भ से
जहाँ चेतना का प्रकाश हंसता दिग् विस्तृत,
स्वच्छ हिमानी-सा शशि की किरणों से प्रहसित,
उज्ज्वल, स्निग्ध, प्रशान्त, जिसे धरती का कल्मष
स्पर्श नहीं कर पाता तम तृष्णा के कर से।[2]

---

1. हिम अंचल, पृ. 261
2. वन-मर्मर, पृ. 212-13

इस हिमालयी चेतना की पृष्ठभूमि के बिना क्या 'शरदचेतना' या वसन्त को ठीक-ठीक समझा जा सकता है? वह 'प्रीतिसमर्पण' को प्रेरित करता है, हिमालय 'कामना रहित रहस्य क्षण' जाग्रत करता है। 'चेतना वर!/झरो हे निर्झर' का तो अस्तित्व ही उस पर निर्भर है। 'हिमाद्रि और समुद्र' में कवि ने हिमालय के स्वर्गोन्नत, चिद्नभ में 'अन्तर्विकास' को जीवनचेतना के प्रवाह की तुलना में परखा है। समुद्र की संगति में ही हिमालय का मर्म समझ में आता है :

वह महाकाल-सा रे अलंध्य,
जो शाश्वत सवर्ग मर्त्य प्रहरी,
यह महादिशा-सा ही अकूल
जिसमें विराट संसृति लहरी!
हिमगिरि की गहराई ऊँची
सागर की ऊँचाई गहरी
छाया प्रकाश की संसृति के
जीवन रहस्य में है छहरी।[1]

जो पार्वती प्रकृति बचपन में उन्हें अप्सरा-सी सुन्दर लगती थी, उसका उन्होंने अनेकशः वर्णन किया है। 'प्रकृति : स्मृति के वातायन से'[2] 'शैशव और प्रकृति'[3] 'पहाड़ी प्रान्त : एक स्मृति'[4] 'कूर्मांचल के प्रति'[5] आदि कविताओं में कवि ने हिमालय की उपत्यका के सौन्दर्य को राशि-राशि उड़ेलकर रख दिया है। किन्तु उत्तरकाल में उसे लगने लगा कि शताब्दी (19वीं) के अन्त में उसका जन्म एक गोपन रहस्य से भरा हुआ है, वह है हिमालय के शिखरों का उसके कवि के भीतर से उन्मीलन, उत्कर्षन। कवि सोचता है :

तभी अगोचर अन्तरिक्ष में, अन्तर्जग के भीतर
नए शिखर थे निखर रहे शत सूक्ष्म विभव के भास्वर।
जिन पर नूतन युग प्रभात था उदय हो रहा गोपन,
रजत नील सवर्णारूण श्रृंगों पर भर स्वर्गिक प्लावन।

था निमित्त शिशु, नव युग था अवतरित हो रहा निश्चय,
बहिरन्तर का धूम चीर हँसता था नव स्वर्णोदय।

---

1. हिमाद्र और समुद्र, पृ. 192
2. गन्धवी थी, पृ. 49
3. वही, पृ. 51
4. वही, पृ0 63
5. वही, पृ. 55

इसीलिए, सम्भव, हिमाद्रि का स्वर्गोंमुख आरोहण
युग सनाभि शिशु के मन के हित रहा महत् आकर्षण।[1]

हिमालय उन्हें सत रज की आभाओं वाले मन के अनुभव के बीच 'शान्त समुज्वल' शाश्वत शिखरों-सा निखरता अतिमन जैसा प्रतीत होता है। वह दिक् शैया पर चिदानन्द-सा, 'कालोपरि सत्' में स्थित, ऊर्ध्व भाल शिव की आकृति है। प्रकृति-सुन्दरी शिव से संवलित होकर पूर्ण बनना चाहती है। प्रकृत मानवता का 'दिक् प्रशस्त उन्नयन' भी इसीलिए हिमालय पर निर्भर है :

धूमिल क्षितिज, गरजता अम्बर, उद्वेलित जन सागर,
जड़ चेतन की दृष्टि निर्निमिष लगी ज्योति शिखरों पर,
मानवता का दिक् प्रसन्न उन्नयन तुम्हीं पर आश्रित।[2]

हिमालय अपनी गरिमा से न केवल मनुष्य को, देवताओं को भी मोहित करता रहा है। वह यदि महाकाल शिव का स्वरूप है, तो निखिल विश्व को विराटता प्रदान करने वाला दिगम्बर भी। वही धरा के ऊर्ध्वगमन का सोपान बना हुआ विराजित है :

पुण्य धरा के स्वर्गोंमुख सोपान पन्थ-सा विस्तृत
निज अवाक् गरिमा से करता नर अमरों को मोहित,
निखिल विश्व को दिग् विराट, भौगोलिक विस्मय से भर।[3]

हिमालय की भौगोलिकता का यह विस्मय कविवर पन्त की उत्तर कविता में उसी तरह निराकार साकार भाव से अंकित हुआ है जैसे निकोलस रोरिक के हिमालय चित्रों में वह देश और काल दोनों की सीमाएँ लाँघकर रूपाकार में, और पन्त की कविता में मानव-प्रकृति में अवस्थित हो सका है। पृथ्वी के संघर्ष-संकुल, दारूण क्रन्दन के बीच वह नीरव, निश्चल, अतन्द्र भागवत करुणा का प्रतीक बन गया है। वे अपने ही नहीं, जगत जीवन के क्षणों को हिमाद्रि द्वारा घेर लिए जाने की कामना से अभिभूत हैं। कविता का यही उत्तर द्वार है :

मानदण्ड भू के अखण्ड हे,
पुण्य धरा के स्वर्गारोहण,
प्रिय हिमाद्रि तुमको हिमकण से
घेरे मेरे जीवन के क्षण।[4]

---

1. पहाड़ी प्रान्त : एक स्मृति, पृ. 66
2. कूर्मांचल के प्रति, पृ. 63
3. वही, पृ. 55
4. हिमाद्रि, पृ. 183

बचपन में हिमालय उनके अन्तर में 'सौन्दर्य स्वप्न शृंगों पर मोहन' रूपधर उठता रहा। वही उनका अपरिचित शिक्षक रहा, उसी ने उनके कवि का 'अन्तर्जग' निर्मित किया। इसलिए कवि 'क्षुद्र अहम् की/शिखर लहरियों का रण कुत्सित/ ...देखकर क्षुब्ध हो उठता है। 'स्काईक्रेपर्स' की मानसिकता में हिमालय-व्यक्तित्व की उपेक्षा ही नहीं, तिरस्कार भी है। लेकिन कवि मन से पूछता है (एक तरह से आधुनिक सभ्यता से) कि यदि हिमालय भू पर अपनी अपरिमित स्वर्गिक गरिमा न बरसाता रहता तो धरती जीवित भी रह सकती क्या? उसने शिखर ऊपर उठने की प्रेरणा दी है, उसने मानव-आत्मा को ज्योतित किया है, उसने मानवता को असीम आत्मानुभूति दी है। उसे घनीभूत अध्यात्म से जीवन-उर्वर ज्योति-सरिताएँ निःसृत हुई है, और पृथ्वी हिमालय से महिमा मण्डित हुई है। हिमालय वसुधा का स्वर्गखण्ड है, एक पुण्य तीर्थ है, वह देवात्मा है।[1]

कवि उत्तरकाव्य में हरशृंगार की तरह मुक्तिक्षण के निकट पहुँच गया है: अतिमा की एक ऐसी तन-मन-प्राण से पार जाती हुई दृष्टि जो पार जाने से पहले इन्हें जगाती, उठाती और नहलाती जाती है। अतिमा की प्रीतिप्रवणता का बोध कवि को 'गुलाब' की मौन शोभा में संकेन्द्रित, संपुजित मिलता है, वह उन्हें भागवत प्रेम की भाषा सिखाता है। किन्तु उनकी सृजन-कल्पना ने हिमालय पर ही देहधारण किया :

पौ फटते सीपिया नील से
गलित मोतिया कान्ति निखरती,
उन शृंगों पर जगे मौन में
सृजन कल्पना देही धरती।[2]

हिमालयी ऊँचाइयों से झरते उनके शृद्धा विश्वास के स्रोत समतल जीवन संघर्ष में भी सतत् बने रहकर उत्तर-काव्य की प्रेरणा रहे हैं :

कौन स्रोत ये।
शृद्धा और विश्वास रूपहले
राजमरालों के से जोड़े
तिरते सात्विक उर सरसी में
शुभ्र सुनहली ग्रीवा मोड़े।
शोभा की स्वर्गिक उड़ान से
भर जाता सहसा अपलक मन,

---

1. हिमाद्रि, पृ. 189
2. अतिमा, (तृतीय संस्करण) गिरि प्रान्तर, पृ. 110

बजते नव छन्दों के नूपुर
अलिखित गीतों के प्रिय पद बन।

बह जाते सीमाओं के तट
हर्षों के ज्वारों से अविगत,
लहरा उठता अतल नील से
नाभ रूप के ऊपर शाश्वत।
कौन स्रोत ये।[1]

इन्हीं चिदम्बरा स्रोतों का सन्धान में पन्त का उत्तरकाव्य। किन्तु इन्हें पाया है कवि ने हिमालयी विधिध्यासन द्वारा ही। प्रकृति पुरुष का यह पद–बँध उनके काव्य का उत्तर बोध है।

नोट : उद्धरण प्रायः सभी (दो/तीन को छोड़कर) 'गन्धवीथी' (सं. डॉ. कुमार विमल) प्रथम संस्करण से हैं।

1. चिदम्बरा (चतुर्थ संस्करण) जिज्ञासा, पृ. 284

'रूपक' का कविकर्म

श्री सुमित्रानन्दन पन्त का जन्म 1900 ई. में शायद इसलिए हुआ कि वे बीसवीं शताब्दी की विकासशील चेतना की विवृत्ति के प्रतीक-कवि बनें। उनमें यह शती—जो भीषण हलचलों, अप्रत्याशित परिवर्तनों और अनगिनत सपनों से भरी थी—जैसे साकार हो उठी हो। वे इक्कीसवीं सदी की पूर्वाशा भी थे। बीसवीं सदी के उत्तरार्द्ध से ही उन्हें मानव चेतना के क्रमिक परिवर्तन का असंदिग्ध संकेत मिलने लगा। जहाँ अन्य कवि अँधेरे में छटपटाती अनेक विवेक-विक्षोभ मणियों को सहेज रहे थे, वहीं पन्त अपने उन्मेषित क्षणों में उत्तरशती में प्रकाश के निर्झर स्रोतों को फूटते महसूस कर रहे थे। न केवल महसूस कर रहे थे बल्कि विभोर होकर गीतियों की ऐसी रचना कर रहे थे जो नए भाव, नई चेतना तथा नई लय से सिक्त थी। यह सही अर्थों में आत्मसम्भव थी और उनकी या सम्पूर्ण मानवता की अब तक न पाई गई अभिव्यक्ति का उच्छल विभोर गान बनकर फूटी। किन्तु मनुष्य के अवचेतन और उसकी बौद्धिक जड़ताओं की भीषण अवमानना से क्षुब्ध होकर वह विचारशील बन गई। पन्त कवि-मनीषी होते चले गए। आन्तरिक अनुभूतियों की विशिष्टता से यह मनीषी जब गुँथने लगा तो रूपकों का सृजन हुआ। पंन्त के व्यक्तित्व में नाटकीयता सबसे कम है, किन्तु उनका कवि स्वयं एक अचूक 'रूपक' रहा है : चेतना के घात-प्रतिघात का रूपक, चेतना के उसके मल मन्थन का रूपक जो नवनीत की भाँति कढ़कर युग विभीषिका या विषज्वाल में अकुण्ठ रह जाता है। वे चेतना की एक ऐसी सृजनशीलता में उत्तीर्ण कवि थे जिसका प्रतीक 'शरद-चेतना' है। 'ज्योत्सना' में ही यह अभीप्सा शुरू हो चुकी थी, और प्रौढ़ होकर 'शरद-चेतना' में सार्थक अभिव्यक्ति पाकर एक नवीन जगत्, एक शुभ, उज्जवल, प्रशान्त, आह्लादित मानवीय संसार के चतुर्दिक संचरण में परितृप्त हुई।

रेडियो से जुड़कर उनके कवि को एक लाभ हुआ : वह यह कि शब्दों की लिखित पंक्तियों के अवगाहन में जो जनमानस असमर्थ अतः क्षुब्ध रहा, वह उसकी वाचन-परम्परा के अक्षयस्रोत की नाद एवं शब्दगत अन्तर्ध्वनियों से सीधे जुड़कर उस अन्तरालोक में प्रवेश कर सका। जो बीसवीं सदी के बुद्धिजीवी

वैज्ञानिक युग के लिए नितान्त असम्भव था। श्रव्य रूपकों की यह परम्परा श्रव्यकाव्य से भिन्न थी, एक नया माध्यम थी। इसमें कवि को अपने विचार तथा उन्मेष के ओत-प्रोत भाव की सुविधा थी बहुत-कुछ 'ज्ञानात्मक सम्वेदन' जैसी, सम्वेदनात्मक ज्ञान जैसा और अपने पाठकों को श्रोता बनाकर निकट लाने का प्रयास भी था।

दूसरा कारण यह भी था कि पन्त के मन में चेतना के आन्तरिक संचरण की जो गतिविधियाँ हो रही थीं, वे लोगों के लिए प्रायः अबूझ ही थीं। वे उन्हें अनुभूति कम, कल्पना अधिक समझते थे। लेकिन पाठक जब यह भूल जाता है कि कविता अनुभूति और कल्पना दोनों का निविड़ संमिश्र होती है तो कवि को नए माध्यम तलाशने पड़ते हैं। अनुभूति और कल्पना का संगुम्फन जितना ही निगूढ़ होता जाता है कविता उतनी ही रूपकमय और रूपक उतना ही फैंटेसीपरक होता जाता है। फैंटेसी में प्रतीकात्मक पात्रों को बड़ी आसानी से प्रस्तुत किया जा सकता है। रेडिया रूपक के इस पक्ष के सम्बन्ध में हमारा ध्यान आकर्षित होता है कि 'यथार्थ जगत् में जिन घटनाओं का होना सम्भव नहीं है, उन्हें रेडियो-फैंटेसी में घटित होते चित्रित किया जाता है, और उनके माध्यम से किसी विचार या मार्मिक अनुभूति की अभिव्यक्ति की जाती है।'[1] रेडियो रूपक के मर्मज्ञ डॉ. सिद्धनाथ कुमार कहते हैं कि 'रेडियो फैंटेसी की सम्भावनाएँ बहुत अधिक हैं, पर अभी हमारे यहाँ उनका बहुत कम उपयोग किया गया है।'[2] कहना न होगा कि पन्त ने इस कमी को पूरा किया और फैंटेसीरूपक उनकी प्रकृति के अनुकूल सिद्ध हुए। फ़र्क़ यह है कि उनकी फैंटेसी में असम्भव को घटित होते नहीं, सम्भावित को घटित होते दिखाया गया है और यह सम्भावना चेतना के नए धरातलों के हर्षिल साक्षात्कार की है, घटना की नहीं। इस साक्षात्कार के चलते घटनाएँ तो घटित हो ही सकती हैं, बशर्ते सामूहिकमन उसके लिए तैयार हो।

'उत्तरशती' रूपक से इस संक्रमण का आभास मिल सकता है। प्रौढ़ बीसवीं सदी की चेतना जब तकनीक की अति से प्रकृति-नाश पर उतारू हो गई तब पन्त ने अपनी चिरपरिचित संगिनी प्रकृति के अक्षय स्रोत को फिर से उन्मुक्त किया। पन्त के लिए प्रकृति सृष्टि का पर्याय है, सृजन और आत्मरूपान्तरण का। वह उनके लिए चेतना की सृजनधर्मिता का व्यक्त रूप है। प्रकृति में सत्य फैंटेसी बनकर सृजित है। जिन उन्मेषों, उत्कर्षों, अवगाहनों और तन्मयताओं तथा संगीतों और झंकृतियों से मनुष्य ने अपने को बीसवीं सदी में वंचित कर रखा है वे उसके लिए अब दुगुनी महत्त्वपूर्ण हो उठी हैं। इसलिए कि हम प्रकृति में जब रमण करना जानते थे तब हमारे भाव रम्य और सामरस्यपूर्ण थे, उनमें सहचरता थी,

1. डॉ. सिद्धनाथ कुमार : रेडियो रूपक, पृ. 117
2. वही, पृ. 119

प्रतिद्वन्द्विता नहीं, सृजन था, विनाश नहीं, सृजन की इस अलेखी भाषा को पन्त ने किशोरावस्था से ही पढ़ रखा था। प्रौढ़ावस्था में वह कौतूहल का आलम्बन नहीं, नई-नई चेतना-छवियों का प्रतीक बनती हुई सृजन का रूपक बन गई। उसकी इस प्रतीकात्मकता का भरपूर दोहन करते हुए उन्होंने अपने रूपकों में उसकी फिर से स्वायत्त प्रतिष्ठा की; विज्ञान, तर्क, बुद्धि या विचार के बन्दीगृह से मुक्त, पूर्ण स्वाधीन। संगीत और कविता का एक बार फिर मिलन हो सका उनके रूपकों में, और दोनों एक-दूसरे का आश्लेष करते हुए अन्तर्प्रेरणाओं, चेतना-घटकों और विचार-सूत्रों को निनादित सम्वादित करते रहे।

बाह्य जीवन और मानव-जगत् की जो समस्याएँ उन्हें व्याकुल तथा अधीर किए हुए थीं उनका समाधान 'दर्शन' या 'सन्देश' से होता हुआ न देख उनको सृजन का एक नया रूप खोजना पड़ा—काव्य-रूपक का। यह परम्परागत दृश्यकाव्य या श्रव्यकाव्य से भिन्न तो था ही, सही मायने में 'रूपक' था : थोड़े से पात्रों व उनके बीच के सम्वादों के माध्यम से अभिव्यक्त एक नहीं नाट्याभिव्यक्ति, जो नैरेशन के कारण 'कभी आन्तरिक बैलेड जैसी तेज़ रवानी अपना लेती, तो कभी विशिष्ट 'मूड' के कारण गीतों की भंगिमा। वर्णनात्मक शैली जैसी इसमें पूरी बाह्यता नहीं, और गीतियों जैसी पूरी अभ्यान्तरता भी नहीं। अन्तर्बाह्य के ओत-प्रोत भावों से गढ़ उठता एक ऐसा काव्यरूप जो नैरेशन, सम्वाद और ध्वनि संगीत के कारण (रेडियो द्वारा प्रसारित होने से) रूपक भी है, और कवि के दुर्दमनीय गीत्यात्मक स्वभाव के कारण कविता भी। इसलिए इसे गीतिनाट्य भी नहीं कहा जा सकता। इसे सिर्फ़ 'रूपक' कहना उचित होगा, जो अपनी स्वयंसिद्ध व्यंजनाओं से भरपूर है, और सम्प्रेषण की नई सम्भावनाओं का द्वार खोलता है।

जो पन्त की अनुभूति को विचार मानते हैं उनका तर्क यह है कि उनके काव्य में यथार्थ का सत्य नहीं है और इसलिए जो भी रूपक प्रस्तुत हैं वे प्रासंगिक या विश्वसनीय नहीं हैं। सत्य तो यह है कि बाह्य यथार्थ वही होता है जो मनुष्य या समुदाय चेतना के भीतर घटित हो रहा होता है। बीसवीं सदी के पूर्वार्द्ध में मनुष्य की व्यक्तिनिष्ठता या राष्ट्र की अहंनिष्ठता व्यक्ति-व्यक्ति देश-देश के बीच जिस आत्मप्रतिष्ठा, प्रतिस्पर्द्धा, दम्भ, हिंसा पर आधारित थी उसकी परिणति परिवार के विघटन से लेकर विश्वयुद्ध स्तर तक देखी जा सकती है। यदि व्यक्ति भीतर से कुछ और बन पाता तो स्थितियाँ कुछ और हो जातीं। आश्चर्य यह है कि मनुष्य का अपने बर्बर, कुण्ठित अवचेतन पर जितना विश्वास है उसका शतांश भी अपने सुसंस्कृत, मुक्त, अन्तर्चेतन पर नहीं है। वह उस पर तब तक विश्वास नहीं करता, तब तक उसे यथार्थ नहीं मानता। जब तक वह घटित न हो जाए। लेकिन कविकर्म सम्भाव्य को घटित करना नहीं, अभिव्यक्त करना है।

पन्त की कविता साक्षी है कि बीसवीं सदी के उत्तरार्द्ध के आसपास उन्हें नई चेतना की शक्तियों की हलचल महसूस होने लगी। इसके चलते कुण्ठा, प्रतिस्पर्द्धा, हिंसा से लथपथ इस शती का पूर्वार्द्ध उनके हृदय में अपनी बर्ख़ास्तगी का इन्तज़ार करने लगा। यह अनुभव 'तपोभूमि', 'महाभूमि' भारत की धरती पर सम्भव हुआ, ख़ासकर गाँधीजी के व्यक्तित्व में मूर्त होकर। 'शुभ्र पुरुष' के रूप में वह जन-जन की सम्भावना बने :

जाग रही फिर आत्मभूमि, अन्तः प्रकाश से अपने संग सोई धरती को चेतन करने। लोकतन्त्र की सुदृढ़ नींव रख अन्तरैक्य पर स्वर्ग ज्योति चुंगी घर शिर पर कलश सत्य का।[1]

इसी के बल पर भारत को स्वतन्त्रता के पश्चात् अपनी भूमिका निबाहने के लिए प्रेरित किया गया :

उसकी चिर वसुधैव कुटुम्बकं मातृकोड़ में
एक अहिंसक मानवता ले जन्म आत्मस्मित,
नई चेतना की प्रतिनिधि हो जो भू के हित।
जीवन का ऐश्वर्य प्रेम आनन्द उतरकर
अन्तर्मानस से, महिमा मूर्तित हो जिसमें[2]:

इस अन्तर्मानस की महिमा के कारण ही यह भूमि ज्योतिभूमि रही है : इसकी ऊँचाइयाँ, इसकी तरलता, इसका ठोसपन सभी कुछ ज्योतिर्मय रहा है। फ़र्क़ अब यह आ गया है कि पश्चिम के व्यामोह में हम इसके क्लेशरहित, तमोहारी रूप को पहचानने से इनकार करते हैं। अन्यथा कवि के लिए सच तो यह है :

जयति जयति ज्योतिभूमि, जयभारत ज्योति देश।
ज्योति शिखर हिमवत् मन,
ज्योति द्रवित सुरसरि तन,
ज्योतित कर धरणि सकल,
हरे विश्व तमस क्लेश।[3]

इस रूपक में शुभ्रता के ज्योतिर्मय चर''चिह्नों का आवाहन है। 'समवेत गान' के रूप में इस अन्तर्मानस के स्वागत, अभिवादन का रूपक 'स्त्रीस्वर' और 'पुरुष

---

1. शुभ्र पुरुष (रजताशिखर) पृ. 113
2. वही, पृ. 115
3. वही,

स्वर' के नैरेशन में वर्णन को अद्भुत काव्यात्मक उन्मेश से भर देता है। नैरेशन अवश्य ही लम्बे हैं जो रूपक की मूर्तता में बाधक हो सकते हैं लेकिन स्त्री या पुरुष के आवेशित हृदय का उद्गार—जैसा होने के कारण इनकी दीर्घ अवधि भाव-सान्द्रता में लघु हो जाती है। वाद्यध्वनियों का विपुल प्रयोग लम्बे नैरेशन को यति देता हुआ गीति से वर्णनशैली को सन्तुलित कर लेता है। सगवेतगान के रूप में 'मंगलवाद्यध्वनि' या 'स्तवनवाद्य' अथवा वन्दन में प्रयुक्त 'स्तवनसंगीत' 'आवाहन संगीत' हृदय की विभिन्न श्रद्धासंवलित अन्तर्दशाओं को उपलक्षित करते हैं। 'स्तवन' या 'आवाहन' ही वह साधन है जिससे अतिचेतना को भूपर लाने की आकांक्षा प्रथम अमिनिवेश में सक्रिय होती है। स्त्री या पुरुष के 'नैरेशन' की पृष्ठभूमि में भी निरन्तर कोई न कोई संगीत बना हुआ है, और कुछ नहीं तो 'तानपूरा का स्वर' ही, जो अपनी एकतानता और आवृत्ति में तन्मयता भरता है। हर्षवादन, कालयापन सूचक संगीत पृष्ठभूमि में रहकर अन्तरवृत्तियों के लिए वातावरण को सघन कर देते हैं। इसीलिए शुरुआत ही जनगण के 'उत्सव वाद्य संगीत' से होती है। कहा जा सकता है कि शुभ्र पुरुष एक ऐसी वाचन-परम्परा की याद दिलाता है जो शब्द को संगीत और संगीत को शब्द से अन्वित करती चलती है।

'उत्तरशती' रूपक की शुरुआत भी सन् 1951 के जनगण के समवेत गान से हुई है, जिसमें पूर्वशती को महाकाल के मुक्त वक्ष पर नृत्य करती श्यामा के रूप में विवृत किया गया है। किन्तु सारे संहार के इतिहास के पीछे कवि को सृजन की नई शक्तियों का उन्मोचन ही नहीं ज्वार उमड़ता दिखाई देता है :

सिंचुक्षितिज अब रक्ततरंगित
अरुणोदय होने को निश्चित,
जय, विनाश के अतल गर्भ से
नवयुग जीवन ज्वार विकासिति।[1]

उत्तरशती इस बात का साक्ष्य भी दे चुकी है कि अब युद्ध को विसर्जित करने के उद्यम में मानवता लगी हुई है। यही नहीं, कवि ने देखा :

निखर रही है नई धरित्री युगकर्दम से
निखर रहे हैं नए देश प्राणों से मुखरित,
लोकसाम्य की महत् प्रेरणा से आन्दोलित
उमड़ रही जन मानवता जीवन कल्लोलित।[2]

---

1. रजत शिखर : उत्तरशती, पृ. 79
2. वही, पृ. 81

'उत्तरशती' को एक तरह से हम कवि की अनागत शती की प्रत्याशा कह सकते हैं, क़रीब-क़रीब प्राप्त्याशा भी। फलागम लाना तो इक्कीसवीं सदी के जनमन के पुरुषार्थ और अभीप्सा का दायित्व है। चेतना का विकास अपने-आप घटित नहीं होता, किया जाता है। अवचेतन यन्त्रवत् हो सकता है, अन्तर्चेतन नहीं। वह काव्य की तरह उन्मेषित होकर नील आलोक या प्रखर उत्ताल लय-छन्द में रचा जाता है। यदि यह अन्तर्मानस रच जाए, तो बाहरी यथार्थ भी सृजित हो जाएगा। दोनों का सम्बन्ध बिम्ब-प्रतिबिम्ब जैसा है। 'उत्तरशती' रूपक भी 'शुभ्रपुरुष' की भाँति वर्णन (नैरेशन) और गीतों के पूर्वापर सम्बन्ध से संचालित है। अवश्य ही स्त्री और पुरुष द्वारा नैरेशन का वेग वाचन की गद्यात्मकता डूबा देता है। नैरेशन बहुत लम्बे हैं, यद्यपि स्त्री और पुरुष के माध्यम को बार-बार बदलकर इसे तोड़ने की कोशिश की गई है। किन्तु शायद कवि के पास कथ्य इतना अधिक है कि वह वाचक की लम्बी वर्णनात्मक शैली के मोह को छोड़ नहीं पाया है। ये वर्णन एक तरह से विगत इतिहास का साक्ष्य, और नए इतिहास की प्रतीक्षा है। प्रतीक्षा की दीर्घता या समूची आधी शती की सम्भावना की प्रर्युत्सुकता वर्णनात्मक शब्दों को विचार के धरातल से उठाकर ज्ञान और संवेदना की मध्यवर्ती भूमि पर प्रतिष्ठित कर देती है। इस भूमि की प्रतिष्ठा में कई प्रकार की ध्वनियाँ सहायक हुई हैं जैसे 'तुमुल वाद्यध्वनि', 'करुणगीत वाद्यध्वनि', हर्षसूचक वाद्यध्वनि, जागरण वाद्यसंगीत, घण्टों और वाद्यों की करुणध्वनि, गम्भीर वाद्यध्वनियाँ घण्टियों की हर्षध्वनि। इतने प्रकार की ध्वनियों के लिए वाद्ययन्त्र की सहभागिता वर्णन प्रधान शब्दों के अर्थ को प्रतीतित ही नहीं, प्रतिध्वनित करती चलती है। इसलिए रूपक में विंशशती के इतिहास, और काव्य के पूर्व तथा उत्तर पक्ष की वर्णनात्मक निरन्तरता अन्तर्गति की लय से ग्रथित हो जाती है। वाद्यों के अलावा संगीत की भूमिका भी महत्त्वपूर्ण है। नैरेशन की सांगीतिक प्रस्तुति वाल्मीकि रामायण के युग से काव्य के हित में रही है। इसका उपयोग कवि ने 'उत्तरशती' में किया है। वह वर्णन की नितान्तगद्यात्मकता के स्थलों पर ही इसका उपयोग करता है जैसे 'विजय संगीत' के साथ यह शुरुआत :

भूरचना का स्वर्णिम युग हो रहा अवतरित
पुनः विश्वप्रांगण में कब से लोक अपेक्षित।[1]

जब भावसंकुलता बढ़ जाती है, नैरेशन अन्तर्मुखी होने लगता है तब सरल-सा तानपूरे का सवर अन्तर्मानस की सुन्दर कविता को प्रवाह देता है :

---

1. रजत शिखर : उत्तरशती, पृ. 89

उतर रही अचिमन की नभ से नव्यचेतना...
स्वर्ग शुभ्र ऊषा-सी, जनमानस धरती पर,
चीर रहे हैं रश्मितीर शत ज्वाल स्पर्श से
भू जीवन के जड़तम को, स्वर्णिम चेतन कर।
उतर रहे स्वर्दूतो-से स्मित पंख खोलकर
नव आशा उल्लास, ज्योति सौन्दर्य, प्रीति सुख
बरस रही है रजत मौन स्मित 'शान्ति चतुर्दिक्।[1]

काव्यमय दर्शन का प्रणयन भी 'युगपरिवर्तनसंगीत' के साथ-साथ होता है। उत्तरशती का अवसान हो रहा है। सन् '51 में ही कवि ने शान्तिवाचन के महत्त्व को अनुभव किया था। (ऋषियों ने वनस्पति, औषधि, द्यावा, पृथ्वी, अन्तरिक्ष आदि में जिस शान्ति का अपने वाचन से आवाहन किया था, वह जैसे युगानुरूप शब्द ग्रहणकर कविवर पन्त में भी मुखरित हुआ।) जीवन के विवादों और महाकाली के चाप से मुक्त मानवीय 'देश' में बज रहा स्वरमंडल क्या शान्ति के बिना सुना जा सकेगा? अतः कवि नवजीवन की जय-कामना के पहले शान्तिपाठ पर उतरता है :

शान्त हो समर प्रमाद,
शान्त खिन्न तर्कवाद,
जयजीवन हो निनाद,
मुखरित दिङ् मंडल हो।[2]

रम्यप्राण सौन्दर्य की सृजनात्मक शक्ति के प्रति आस्थावान कवि के लिए ऋषित्व धारण करना स्वाभाविक है। उसको सतत आकांक्षा शान्ति के लिए रही है। बिना शान्ति के सौन्दर्य की शक्तियाँ पृथ्वी पर उन्मेषित ही नहीं हो सकतीं। जिन्हें जुझारूपन में ही प्रगति दिखाई देती है वे इस अन्तर्विकास के मार्ग से अनभिज्ञ हैं। इसके विकास के साथ बाहर का कोलाहल, बाहर का चीत्कार स्वयमेव रद्द हो जाएगा। अन्दर समत्व स्थापित होते ही बाहर भी समता आएगी, भीतर समरसता आने पर यथार्थ भी चीत्कारमय नहीं संगीतमय हो जाएगा। पर इसके लिए आवश्यक ही नहीं अपरिहार्य है कि बर्बर वृत्तियों और अनुर्वर तर्कों को शान्त किया जाए। सृजनात्मकता की ओर भी धरातल हैं बुद्धि ने तो वैज्ञानिक तर्कशीलता से उसका हनन ही किया है। उसने बाह्य प्रकृति का ही नहीं मनुष्य की अन्तर्प्रकृति का भी विनाश कर डाला है। इसके उन्मेश के लिए बहिर्मुखी, प्रतिस्पर्द्धी, भोगुधनी सभ्यता का उपशमन अनिवार्य है। इसलिए प्रकृति की दर्पण

---

1. रजत शिखर : उत्तरशती, पृ. 100
2. वही, पृ. 102

बनी भू के लिए कवि ने शान्तिपाठ दोहराया है :

शान्त नील विश्व गगन,
शान्त हरित सिन्धु गहन
शान्त नगर पर्वत वन
जन भू हो शान्तिधाम।[1]

शुद्ध प्राकृतिक उपादानों को प्रतिकृति के रूप में, मानवजगत की सर्जना के लिए 'फूलों का देश' तथा 'रजतशिखर' और 'शरदचेतन' रूपक महत्त्वपूर्ण हैं। जैसा कि विदित है प्रकृति कवि के लिए सहचारी, प्रिया, माँ सभी कुछ रही। लेकिन वह इससे भी ऊपर है। कवि के अन्तर्जगत के निर्माण में ही नहीं, काव्यसृजन में भी वह अपने को सतत् अर्पित करती हुई एक ऐसी धरती के स्वप्न को साकार कर देती है जो मनुष्य की तुच्छताओं और एशणाओं की खींचतान से मुक्त है, आत्मनिखार का प्रतिबिम्ब है। प्रकृति कवि के लिए सृष्टि का शृंगार नहीं, स्वयं सृष्टि है : सर्जक की अनावित दृष्टि, उसकी अकूल-प्रवाही चेतना का छन्दलय, स्वर अनुभव कई 'रूपकों' के माध्यम से प्रकृति का विभावनव्यापार ही कवि ने साधा है। यह प्रकृति पन्त की चेतना में शब्दित हुई है। उसके स्पन्दनों में ही उन्होंने एक समरस, आनन्दित सामंजस्यपूर्ण विश्वहृदय को धड़कते सुना और देखा। इसलिए यदि एक नई मानवता गढ़नी है, एक नया विश्व रचना है तो प्रकृति के संहार से नहीं, अपने में उसके रचाव से ही यह सम्भव होगा। बाहरी पर्यावरण विनष्ट करके हमने अपनी मानवीय समरस, आह्लादित, चिर-सृजनशील प्रकृति को भी काट डाला है, फूँक दिया है और राख कर डाला है। बौद्धिक ज्ञान के इस भस्म से पुनः प्रकृति का संज्ञान या अभिज्ञान प्राप्त करना होगा। 'रूपकों' के लिए प्रकृति के उपादानों को चुनना भी कवि की इसी आस्था का ज्ञापक है। फूलों का एक देश भी होता है, जो काल से बाधित नहीं है। वह मनुष्य के भीतर फूलों के खिलने से सम्भव होता है :

शान्त सौम्य, सोई वन श्री अब जाग रही है
नवप्रभात के स्पर्शों से स्वर्णिम चेतन हो,
बरस रहा नीड़ों से कलख सृष्टि-गान सा,
सिहर रहे पत्ते थर्-थर्, सुख से विभोर हो,
गन्धधवन में धरती भीनी साँस ले रही है।[2]

---

1. रजतशिखर : फूलों का देश, पृ. 74
2. वही, पृ. 52-53

चिर नवीना उषा की वैदिक स्मृति को जाग्रत करता हुआ कवि मनुष्य के जगत् में उसके रहस भरे पदक्षेप का स्वागत करता है :

यह प्रभात भी संसृति का आश्चर्य है महत्
मौन प्रार्थना-सा, पवित्र आशीर्वाद-सा।
विस्मित कर देता जो भू मानस पलकों को
दिव्य स्वप्न-सा, अमर सवर्ग सन्देश-सा उत्तर।
धरती का जीवन सहसा निज ज्योति केन्द्र से,
पुनः युक्त होकर, हो उठता पूर्ण काम है।[1]

ऋचाओं में उषा अन्तर-आलोक की वाहिका बनी है। पन्त ने भी इसमें "अन्तनंभ का प्रभात" देखा है। बाहरी प्रकृति अन्तरिक प्रकृति में परिणत होती है :

तरु पत्रों के अन्तराल से नव किरणें
लोट रहीं भू रज पर ज्योति प्राहों सी हँस।[2]

नैरेशन या वाचन की सूत्रधारिता निबाहनें के कारण 'फूलों के देश' का कवि भी गीतियों के उद्रेक गें अपने को व्यक्त नहीं करता बल्कि गाथा की शैली में अन्तर की सूक्ष्म गतिविधियों को प्रकृति के उपकरणों द्वारा गेय बनाता है। इसमें कथा का नहीं, अनुभूति का वर्णन-परक शैली में अनुश्रवण है, इसलिए शब्दों को बिम्बात्मक या नादात्मक सज्जा से रहित करके प्रस्तुत किया गया है। प्रकृति ही यहाँ उपादान है, प्रकृति ही उपलक्ष्य। पन्त के रूपक में प्रकृति सर्वोपरि है। उनके रूपकों में पात्रों की बहुलता या विरलता का प्रश्न नहीं उठता, प्रकृति ही नट और नटी है। वही रंगमंच भी है। वह अपने भीतर के सभी भावों, क्रियाओं को मनश्चाक्षु के सामने प्रगट करती है : काव्य को दृश्य और श्रव्य दोनों बनाती है। इस मंच पर यवनिका हमने डाल रखी है अपनी जड़ीभूत दृष्टियों की या कोलाहलमय श्रुतियों की। किन्तु पन्त के इन श्रव्य रूपकों में हम गन्धर्वो के गान, अप्सरियों के पदचाप सुनते हैं। और इसलिए एक अभिनव प्रजासृष्टि कर सकने योग्य होते हैं। उसी में से भविष्य में पात्र प्रकट होंगे। अभी तो घटित होने के स्तर पर घटनाएँ या कार्य-व्यापार नहीं, अन्तक्रियाएँ हैं, सूक्ष्म संचरण और सारगर्भित संवेदन हैं। पात्र या चरित्र नहीं, मनुष्य की सम्भावित स्पन्दित छवि है। प्रकृति इन सबकी—देश और काल में अभिव्यक्त—जननी है। कलाकार, कवि इस 'फूलों के देश' में 'चरित' या घटना नहीं, लीलाभूमि ढूँढ़ते हैं। प्रकृति ही हमें भावी आचरण और कार्यप्रणाली में दीक्षित करेगी

1. रजतशिखर : फूलों का देश, पृ. 53
2. वही, पृ. 53

'फूलों का देश' भावोन्मेषित करता है, इसमें प्रेरणाओं की अप्सरियाँ अपनी पंखुड़ियाँ बिखराती हैं, स्वार्णम भृंग देवों का अमर संगीत वहन करते हैं, काँपती छायाएँ शोभा बसनों-सी मनःश्रवण में गोपन मर्मरध्वनि भरती हैं। इस रंगमंच पर ये ही उपस्थित हैं। यहाँ पात्र नहीं, उपस्थितियाँ (presence) हैं। इस श्रव्यरूपक में ध्वनि ही आकृति धारण करती है :

भावी की अश्रुत चापों-सी आकृति धरती।[1]

यह तो हुआ पुरुष का नट-अनुभव। प्रकृति या नटी भाव में स्त्री स्वर कहता है :

यहाँ प्राण पुलिनों को भावों से स्पन्दित कर
जीवन की आकांक्षा बहती कलकल ध्वनि में,
प्रीतिश्वास-सी समुच्छ्वसित रहती मलयानिल
नामहीन सौरभ से आकुल कर अन्तर को।
यहाँ गूँजता रहता है संगीत अहर्निशि
भाव प्रवण मान सद्रवयों से प्रवहमान हो।[2]

अर्थात् पन्त के लिए बाह्य प्रकृति 'सृजनचेतना की यह स्वप्निल लीलाभूमि अशेष' है। पुरुष-प्रकृति की लीला में जीवन का संघर्ष, करुण-क्रन्दन, चीत्कार नया सन्तुलन ग्रहण कर मर्मगीत में बदल जाता है। यही सूरदास ने किया था, चरित को लीला बनाया था इसलिए भीषण और कटु घटनाएँ भी आनन्द की अवरोधक नहीं बन सकीं। अपने इन रूपकों के सृजन से पन्त ने इसी आनन्द के स्रोत को मुक्त किया है। मुख्य पात्र यहाँ अवतार नहीं, कवि है : एक ऐसा कवि जो अन्तर्द्रष्टा कलाकार है, इसलिए वह स्वप्न-द्रष्टा होने से हिचकता नहीं। और इसीलिए अपने समय के भौतिकतावादी युग में एकाकी हैं यहाँ पूर्वविंशशती के छायावाद का चतुष्टय नहीं है जो युग को काव्यवाणी दे रहा हो, बल्कि एक वृत्त के समापन पर धराचेतना में 'युगप्रभात' का साक्षी एकल कवि है। साक्ष्य में इतना अकेला पड़ गया है कि वह 'स्वगत' वाचन की अवस्था में आ पहुँचा है :

भावोद्वेलित वक्ष, खड़ा तृण कक्षद्वार पर
सोच रहा वह स्वगत, गन्ध गुंजित मधुकर सा–[3]

पर उसकी वाचा पक्षी के उल्लास से भरी हुई है। उसे कुछ नर-नारी लक्षित भी

---

1. रजतशिखर : फूलों का देश, पृ. 49
2. वही, पृ. 50
3. वही, पृ. 51

कर लेते हैं :

कौन, कौन तुम, अरुण, वसन्त, मदन से सुन्दर...
पत्रों के प्रच्छाय नीड़ में यहाँ छिपे हो
पक्षी से एकाकी? नगरों से, वासों से
दूर सभ्यता के केन्द्रों से विरत, विमुख हो
युगजीवन संघर्षण से, जन आकर्षण से?[1]

कवि कहता है कि वह पक्षी-सा एकाकी अवश्य है लेकिन जीवन-संघर्षण से विरत नहीं। यह पतझर का प्रतिनिधि नहीं वसन्त का प्रतिनिधि है, अनागत के सृजन का '...देखो, मेरे स्वप्न निमीलित। आँखों में भावी का स्वर्णिम बिम्ब पड़ा है।' उसकी आँखों में स्वर्णिम भविष्य बिम्बित है, अतः द्रष्टा जब वाचक बनता है तो अन्तर्घटना ज़्यादा कहता है, कार्यव्यापार का उल्लेख महत्त्वहीन हो जाता है। इन रूपकों में इसीलिए घटना नहीं है, भाव की छटनीयता है। इस सृजनशीलता का आधार प्रकृति ही है। कवि कहता है :

...स्वर्ग की वेणी से मैं
इन्द्रधनुष को छीन, धारा के तिमिर पाश में
उसे गूँथ जाऊँगा—देवों की विभूति से
मनुष्यत्व का पद्म खिला जीवन कर्दम में।[2]

इस रचना में अन्तर्मन के सूक्ष्म द्रव्यों द्वारा गढ़ी जा रही नवमानव की प्रतिमा है। यह प्रतिमा प्रकृति से अविच्छिन्न है, एकमेक है और प्रकृति की ही भाँति अप्रतिम, स्पन्दित। कवि जो दे सकता है उससे वही ग्रहण करना चाहिए, अन्यथा की माँग क्यों की जाए? जो दिया जा रहा है, जो 'फूलों का देश' गढ़ा जा रहा है वह क्या कम महत्त्वपूर्ण है? यह वही सन्देश है जो चिरकाल से प्रकृति अपनी सनातन रचनात्मकता में लीलाभूमि का सृजन करती हुई हमें देशकाल से परे अन्तदीप्ति से सराबोर करती हुई देती रही है। प्रकृति के माध्यम से कवि ने 'विराट जीवन' का उन्मोचन किया है। वह और प्रति एक हैं, दो नहीं :

उषा, ज्योत्स्ना, ओस और तारे मेरा ही
चिर सन्देश वहन करते। पर्वत निर्झर से
मेरे गायन फूट, दग्ध युगमन के मरू में
प्राणों का कलरव, जीवन हरियाली भरते।

---

1. रजतशिखर : फूलों का देश, पृ. 55
2. वही, पृ. 55

धरास्वर्ग को स्वप्नसेतु में बाँध सुनहले
मैं सोपान बना जाऊँगा सुर नर मोहन।[1]

यह आत्मवचना या आत्मपलायन नहीं बल्कि जीवन-विशृंखलता में साम्य-संगति तथा सार्थकता भरना है, सौन्दर्य खोजकर विश्री में खिल उठना है। यदि प्रफुल्लता या सौन्दर्य जीवन का दोष बन गया हो तो और कुछ नहीं कहना।

फूलों के देश में कवि ही सूत्रधार या वाचक है, स्त्री-स्वर या पुरुष-स्वर उसकी व्याख्या करते हैं, वे वाचक नहीं है। कविमानस समझना शायद बहुत कठिन हो इसलिए नर और नारी इसको समझने का प्रयास करते हैं। 'स्वप्नवाचक' या 'नववसन्त सूचक' वाद्यसंगीत इसी को परिपुष्ट करते हैं। इस रूपक में इसीलिए 'गम्भीर प्रसन्न वाद्यसंगीत' या 'हर्षवाद्यसंगीत' की पृष्ठभूमि बनी रहती है। यर्थात जगत के प्राणी इसके प्रतिपक्ष की दलीलें प्रस्तुत करते हुए प्रथम या द्वितीय स्वर के रूप में उभरे हैं। इनका कोई रूप नहीं है, नाम भी नहीं। ये युगमन के स्वर बनकर ('प्रथमस्वर', 'द्वितीयस्वर') उभरे हैं—सेनाशिविर या सामूहिक जीवन की आवश्यकताओं के 'समतल-मनुज' वाले दर्पउद्धत स्वर। वे कवि को यथार्थवद्ध करना चाहते हैं। इन्हीं एक या दूसरे स्वर के साथ 'कुछ स्वर' समवेत रूप में घोषणा करते हैं :

'केवल सत्य विषमताएँ हैं, प्रतिहिंसा है,
केवल सत्य अतृप्त पिपासा है, तृष्णा है।[2]

इन स्वरों के साथ 'विवर्तन', 'उत्तेजना' या 'विप्लवसूचक' संगीत का होना स्वाभाविक है ये अपने को सत्य और न्याय का उद्घोषक 'युग-विद्रोही' बताते हैं। आज के युग का मुहावरा है 'विद्रोह' और इस विद्रोह का स्वप्न 'संघ स्थापना' है। 'संघ' कैसे टूटे हैं यह बीसवीं सदी ने ही दिखा दिया, और सत्य, न्याय का गला इन संघों में कैसे घोटा जाता है यह चीन ने प्रदर्शित कर दिया। इसलिए कवि-तर्क अकाट्य उतरता है :

किन्तु हाय, यह संघ अहं दुर्गम पर्वत है
भीतर भी हैं, जनगण, भीतर ही जन का मन,
भीतर भी हैं सूक्ष्म परिस्थितियाँ जीवन की,
भीतर ही रे मानव, भीतर ही सच्चा जग,[3]

जब तक इस भीतर के जग, जो जाति वर्ग श्रेणी में विभाजित नहीं है, को पूर्ण

---

1. रजतशिखर : फूलों का देश, पृ. 56
2. वही, पृ. 61
3. वही, पृ. 64

सक्रिय या चेतन करके बहिर्जगत् में स्थापित नहीं किया जाता तब तक सारा विद्रोह सारहीन रहेगा। अन्तर्चेतना के बहिर्संगठन को, फ़िलहाल, सामूहिक स्तर पर लोग सुनने को तैयार नहीं है, इसलिए कवि एकाकी पक्षी-सा अपना मधुर पक्ष निनान्दित कर रहा है :

नव जीवन शोभा की प्रतिमा आभादेही
नवसंस्कृति की अन्तःस्मित किरणों से मंडित—
जो बहिरन्तर ऐक्य साम्य मानव जीवन में
पुनः प्रतिष्ठित कर देगी, ऊर्ध्वग, भूव्यापक।[1]

कवि अपने अन्तर्वैभव को 'ऐक्य' और 'साम्य' शब्दों की भाषा के परिवर्तित अर्थ में बताना चाहता है। 'फूलों के देश' में वह अकेला है, वही स्वप्न द्रष्टा वही वाचक, वही स्वगत बोलता पात्र। बाक़ी अन्यपात्र यथार्थ जीवी कुछ लोग हैं जो पृथ्वी की प्रतिहिंसा, विषमता, द्वेष, क्रोध से भरे विद्रोही स्वर हैं। ऐसे रूपक में वार्तालाप की सम्भावना नहीं, संलाप की स्थिति सम्भव ही नहीं है। इसलिए नाटक को गति देने के लिए जिस पारस्परिक सम्वाद की ज़रूरत होती है वह यहाँ अनुपस्थित है। इसे वाद या विवाद का प्रति संवाद कहा जा सकता है। यह प्रतिसंवाद एक-दूसरे को—कवि और विद्रोहीजन को—एक-दूसरे के रूबरू करते हैं, उनकी अपनी-अपनी चेतनाओं को। आज के यथार्थ की समतलचेतना कल के यथार्थ की ऊर्ध्वचेतना को ध्वस्त करना चाहती है। यह चूँकि निर्जर और आत्मसम्भव चेतना है इसलिए ध्वस्त नहीं होती। बल्कि कवि को और भी विश्वासमय बना देती है। द्रष्टा के इस विश्वास की प्रखरता में बाह्यजगत् के यथार्थ की उपलब्धि भी परिणत है, इसलिए उसका सत्य अकाट्य है। युग की उपलब्धि को अधिक मूर्त करने के लिए कवि ने विद्रोहियों का प्रतिपक्ष ही नहीं वैज्ञानिक की आत्म स्वीकृति का भी समावेश किया है। वैज्ञानिक कवि-सत्य की सामाजिक रचनाशीलता का पक्ष प्रस्तुत करता है। वे एक-दूसरे के साथ वाद-विवाद की स्थिति में नहीं हैं, क़रीब-क़रीब सम्वाद में हैं। दोनों 'स्वार्थ लोभ अन्याय द्वेष स्पर्धा' के उठ जाने की सम्भावना देखते हैं, वैज्ञानिक 'आर्थिक समत्व' में यन्त्रों का बल बाँटकर जन की रचनाशक्ति को मुक्त करना चाहता है, कवि आन्तरिक समत्व को पहचानकर देववृत्तियों के समृद्ध कोष को उन्मुक्त करना चाहता है। दोनों का योगदान एक-दूसरे का पूरक है। वैज्ञानिक यह स्वीकार करता है कि :

आज मनुज मर गया। पराजित हो भीतर से
दौड़ रहा है वह बाहर, व्यक्तित्वहीन हो।

---

1. रजतशिखर : फूलों का देश, पृ. 67

व्यक्तिहीन सामाजिकता निर्जीव ढेर है।
महत् व्यक्ति चाहिए आज सामूहिक युग में–[1]

वैज्ञानिक की भाषा गद्य के अधिक निकट है। इन दोनों के सुसम्वाद के बीच 'आशाप्रद वाद्यसंगीत' या 'हर्षसूचक वाद्यसंगीत' दोनों के आश्लेष का अनुभव कराता है। कवि और वैज्ञानिक के द्विपत् स्वरों से अभिप्रेरित 'समवेत स्वर' मुखरित होने लगता है :

मंगलमय पूर्ण काम,
जनमन का लो प्रणाम।
द्वेषरहित हो भू मन
शेभास्मित जन जीवन,
सृजन स्वप्न भरे नयन,
कर्मजनित हो विराम![2]

कवि की 'आँखों में भावी का स्वर्णिम बिम्ब' जो पड़ा है। अन्ततः वह वैज्ञानिक भी पहचानने लगा है। और इसलिए बहिर्संगठन के साथ अन्तर्संगठन को संग्रथित करने का स्वप्न भी आकार ले सका। 'फूलों के देश' में लम्बी 'नैरेशन' नहीं है, इसलिए पक्ष या प्रतिपक्ष की प्रस्तुति में नाटकीय उत्तेजन पर्याप्त सुरक्षित रह सका। अवश्य ही कविता में इतने लम्बे संवाद रूपक के लिए कभी-कभी घातक लगने लगते हैं। पर इन्हीं सम्वादों के बीच-बीच काव्य वैभव भी छिपा हुआ है। कहीं-कहीं, विशेषकर कवि के स्वगत या सम्भाषण में, वह वाचकता में भी भरपूर उभरकर आया है। इसलिए यह 'रूपक' एक साथ युगवाणी और युगान्त ही नहीं, नवयुग का प्रतीक बनकर प्रस्तुत है। युगवाणी को व्यक्त किया है 'नहीं रहेगा बाँस, बजेगी तब क्या वंशी' जैसी भावना ने तो नवयुग को भाषित किया है : यन्त्रों की जलती साँसें ठंडी पड़ जातीं। अन्त में कथन की परिणति होती है गीत में :

विश्वशान्ति बने ध्येय,
श्रेय ग्रथित रहे प्रेय,
लोक ऐक्य हो अजेय,
पावन जनवास, ग्राम![3]

आगत युग को, आगामी शती को (Global Village) नहीं, 'पावन जनवास, ग्राम' का उल्लागा चाहिए।

---

1. रजतशिखर : फूलों का देश, पृ. 70
2. वही, पृ. 73-74
3. वही, पृ. 74

यह उल्लास तब तक सम्भव नहीं जब तक हम अपनी चेतना की धरती में मौलिक परिवर्तन नहीं लाते। पन्त के लिए प्रकृति धरित्री रही है। इस धरित्री रूप का भरपूर अवगाहन किया है उन्होंने, और मातृस्वरूपा पृथ्वी की चेतना को द्योः पितर से अलग कर वे नहीं जिए। इसलिए धरती के उतार-चढ़ाव, द्रोणी-पर्वत हरियाली-रजतातप सब-कुछ विशेष मर्म की भाषा से ओत-प्रोत हैं। वह आँखों का उत्सव ही नहीं, दृश्य के माध्यम से दृष्टि की उन्मेषक है। इसलिए प्रकृति पन्त के लिए प्रतीक और रूपक है सम्पूर्ण सृजन (Holistic Creation) का, काव्य का ही नहीं, जीवन का भी। इस रूपक की मोहक विवृत्ति 'रजतशिखर' में देखी जा सकती है। 'फूलों का देश' यदि वैज्ञानिक और कलाकार को पास लाता है, एक-दूसरे की दृष्टि से परस्पर ओत-प्रोत करता है, तो 'रजतशिखर' सर्जक (कवि) और मनोविश्लेषक को आमने-सामने खड़ा करता है। बीसवीं शताब्दी अवचेतन निश्चेतन के विश्लेषण में पटु रही है। सुख का पक्षधर मनोविश्लेषक पात्र सुखव्रत प्रस्तुत करता है अपना उत्कट विश्वास इस प्रकार : "और युगों के शमन दमन, उन्नयन पलायन, उड़ जाएँगें प्राणों के झंझा प्रवेग में।"[1]

तो दूसरी ओर नवल चेतना का अभीप्सु पात्र 'युवक' या बीसवीं शती के भीतर का नयामन प्रस्तुत करता है प्रकृति-दर्शन 'बहुत सुन चुका अधः प्राण सन्देश तुम्हारा' के बाद की सम्भावना ही नहीं, स्वानुभव। यह उत्तरशती का उत्तरपक्ष है। एक 'युवती' इन दोनों के बीच झूलती अन्त में 'युवक' का वरण करती है। युवती जैसे अनुगत चेतना है जो सत्य की तलाश में है। युवक ने नवल चेतना को यों ही नहीं प्राप्त किया है, प्रेम की आसक्तिपरक 'प्राणों की द्रोणी' में उतरकर, फिर उत्तीर्ण होकर वह एक 'प्रकृति दर्शन' पर पहुँचा है, जो मानव प्रकृति का भी दर्पण बन सका। विवाद बहुत गहरे हैं—सुखव्रत, युवती और युवक तीनों के बीच आर-पार चलते हुए। कोई यूँ ही किसी की बात नहीं मान लेता। लेकिन जहाँ युवती सुखव्रत के सूक्ष्म मनोविश्लेषण से चमत्कृत होती है वहीं युवक की गूढ़ चेतना की आत्मसंकलन से प्रभावित। युवक बीसवीं सदी के अन्त में विस्थापित प्राण के बीच हमें एक नए विस्थापन की सूचना देता है। उपचेतन के सामूहिक तांडव से सम्प्रदायों की दम्भ-घृणा द्वारा बेघर किए गए लोगों की करुण दशा हमें आतंकित करती रही है। परन्तु क्या इस आतंक के बीच प्रवेश करती किसी मोन आश्वस्ति को हमने अनदेखा नहीं किया? पन्त को 'स्वस्तिवाचन' का कवि मानने वालों को 'रजतशिखर' रूपक में अवगाहन करना चाहिए। युवक कहता है :

तब क्यों शुक की भाँति रटे हम अवचेतन के
उपभेदों को, उच्छ्रंखलता से प्रेरित हो,

---

1. रजतशिखर : फूलों का देश, पृ. 227

यदि उन पर अधिकार नहीं है चेतन मन का?[1]

हमारे चारों ओर फैली प्रकृति इन्द्रिय जन्य घनघोर रागासक्ति के भीतर से उठी हुई 'रजतशिखर' का रूपक भी है। वह अवचेतन पर चेतन का प्रभुत्व नहीं (क्योंकि ऐसा केवल दिखावा है), अवचेतनमुक्त चेतन का महर्चेतन में अवस्थान है—ठीक उसी तरह जैसे शिखर धरती पर अवस्थित धरती का ऊर्द्धप्राण हैं इस ऊर्द्धप्राण का कोई रहस्य नहीं है, वह यहीं हमारे सामने उपस्थित है। आश्चर्य है कि मनुष्य अवचेतन की भीषण सामाजिक विस्थापन-शक्ति से तो अभिज्ञ है, अपने भीतर के विस्थापन से पूरी तरह अनजान है। यही कारण है कि 'युवक' लम्बे 'नैरेशन' से, करुण वाद्यसंगीत या द्विविधासूचक संगीत की संगति में अपना पक्ष एक कवि-दृष्टि से प्रस्तुत करता है। उसने कोयल की कूक सुनी है, और 'सौरभ के, भावों के मादन' चल वसन्त से भी लुब्ध हुआ है। उसने प्रेम किया है। इस प्रेमकथा विसम्वाद रूप युवक-यवुती के बीच विस्तार से प्रस्तुत हुआ है। इसमें पर्याप्त नाटकीय मोड़ हैं। लेकिन प्रेम के सम्बन्ध में युवती जहाँ मनोविश्लेषणशास्त्र दोहराने लगती है वहीं युवक अपनी नई दृष्टि और नए उन्मेष का परिचय देता है। यह दृष्टि मिली है उसे 'वासनाधूम' तथा 'राग की दाहकता' से प्रेम को मुक्त करके, एक नया मानव बनकर। नया मानव बनने का प्रस्थान बिन्दु है वर्तमान चेतना में अपने को विस्थापित अनुभव करना। 'युवक' जीवन और जगत के प्रति न तो अनासक्त है, न ही उनसे अपरिचित। बल्कि इनसे घनिष्ट परिचय पर वह विस्थापित हो चुका है। इसलिए आत्मपलायन का रास्ता निजात नहीं दिला सकता। विस्थापित को नई स्थापना चाहिए। विस्थापन के बाद स्थिति पैदा करने लायक आवश्यक मनोबल जुटाने के लिए वह मानव की पटु विश्लेषण-क्षमता को निरर्थक करता हुआ प्रौढ़वयस् में पुनः प्रकृति के प्रौढ़ साहचर्य और उस साहचर्यमयी तदाकारता से एक ऊर्ध्वगामी तथा अवरोहणमयी कोई आश्चर्यजनक 'शक्ति' के प्लावन से अभिभूत होता है। अब प्रकृति उसके लिए केवल प्रकृति नहीं शक्ति है, मनुष्य की मन:शक्ति को ऊर्द्धप्राण और अनाविल बनाकर समतल में प्रसार देने वाली आत्मशक्ति। सचमुच में 'पुरुष' और 'प्रकृति' एक हैं, सांख्य ने उन्हें अलग रखा था, एक तो द्रष्ठा और दूसरे को दृश्य। प्रकृति दृश्य नहीं, दृश्यमान् में फैली चेतना की दुर्लभ सृजन-शक्ति है। (वैदिक ऋषियों ने इसे कृषियुग में अपनी तरह से देखा था। पन्त ने आज की सभ्यता से विस्थापित मानव-चेतना में इसे पुनरान्वेषित किया है। यह अन्वेषण प्रार्थना, याचना, यज्ञ या किसी अन्य कर्मकाण्ड का मुखापेक्षी नहीं है। यह बाह्य प्रकृति के माध्यम से मानव का स्वयं अपनी अन्तर्प्रकृति को पहचानने और तद्गतप्राण बन जाना है। यह भक्ति का समर्पण से भी बढ़कर ध्यानमग्न चित्त की तदाकरिता या तादात्म्य की उपलब्धि है, सालोक्य को सारनपय या सायुज्य

1. रजतशिखर : फूलों का देश, पृ. 21

मुक्ति है : किसी समाधि में ठहरकर नहीं बल्कि समाधि को स्वप्न के माध्यम से जाग्रति में उतारकर।) यह एक अमूल्य खोज है, चेतना के अभिनव संचरण की प्रक्रिया। इसलिए लोक-परलोक, दमन-उन्नयन आदि की परिभाषाओं से मुक्त कवि को अपनी भाषा रचनी है। और पन्त को यह भाषा मिली है प्रकृति से। 'रजतशिखर' ने ही उन्हें रूपक दिया है, उसी ने उनके हृदय का चमत्कार उद्घाटित किया है। इसलिए यह उनके लिए प्रतीक नहीं, सम्पूर्ण भाषा है, यह रूपकात्मक सृजनभाषा। इस भाषा की प्रतिभाषा है सुसव्रत का बौद्धिक-विश्लेषण। पर इय युग को अपने ऊपर प्रभुत्व और संसार के प्रति करुणा से सृजनशील जो बोधि चाहिए। वह बौद्धिक विश्लेषण कर लेने पर भी प्रप्त नहीं होती। यह सृजनशीलता पन्त को 'शिव' और 'शक्ति' के प्राकृतिक सम्मेलन में, 'रजतशिखर' में प्राप्त होती है। उनका विश्वास है कि इस भाषा को सीखकर मनुष्य देवयोनि प्राप्त करेगा। तब श्री शोभा, विश्वास, प्रीति, आनन्द, ज्योति का धाम यह पृथ्वी ही बनेगी, जैसे हमारे चारों ओर की प्रकृति है। पेड़ के पत्ते कभी एक-दूसरे से घर्षण नहीं करते, वायु के चलते ही एक लय में सब पत्ते बँध जाते हैं, वे एक-दूसरे पर आधिपत्य की कामना से पीड़ित नहीं हैं, इसलिए निर्द्वन्द्व और बेलौस भाव से उल्लसित हैं। हमने सभ्यता तो उत्पादित की, पर जीवन का उल्लास खत्म कर दिया। सभ्यता या प्रगति या विकास का आधुनिक अर्थ प्रकृति का अधिकाधिक विनाश रहा है। और बाहरी प्रकृति के विनाश के समानान्तर सभ्य देशों ने मनुष्य की आन्तरिक प्रकृति का भी समूल नारा उपस्थित कर डाला है। कवि ने युवक के माध्यम से नई संस्कृति का बीज बोया है, जिसमें प्रकृति का भरपूर योगदान है :

छँटते जाते हैं अब धूमिल वाष्पों के घन,...
हटती जातीं स्वर्णिम नीलारुण छायाएँ,
खुलते जाते अन्तरिक्ष के अन्तर्मुख पट,...
और निखरने लगे शुभ्र निर्वाक शिखर फिर
ऊर्ध्वप्राण, अन्तश्चेतन सोपान से खड़े,...
समाधिस्थ हो उठा पुनः हो बहिर्व्याप्त मन।[1]

'शिखर' कहीं चले नहीं गए थे, न ही ध्वस्त हुए थे। वे सनातन रूप से उपस्थित हैं। वे छिप गए थे हमारी ही अधःप्राणता से, अवचेतनता से। इसलिए कवि ने 'फिर' कहकर दुबारा उन्हें प्रतिष्ठित किया। इस 'फिर' वापसी में शायद वे ज़्यादा निखरकर आए हैं, वैदिक उषा या इन्द्र की रूपक-कथाओं से ज़्यादा प्रगट और बहिर्व्याप्त। कवि शिखरों की 'शीतस्वच्छता' से जल जाना नहीं चाहता, 'हरित .ऊखयता' के अभाव में जीना नहीं चाहता। इसलिए दोनों की एकरूपता को पहचानता है :

1. रजतशिखर : फूलों का देश, पृ. 26

महाश्चर्य है! वही सत्य है! ऊपर है जो
शिखर, वही नीचे प्रसार है! एक संचरण
मात्र! ऊर्ध्व हो अथवा समदिक्, दोनों ही पर
अन्योनयाश्रित हैं निश्चय! दोनों के ऊपर
एक अनिवर्चनीय रहस्य, हृदय रोमांचक।[1]

'भू' पर बाह्य रूप से विस्थापित 'कुछ स्वरों' के प्रत्युत्तर में युवक इस अन्तर्विस्थापन को रेखांकित करता है :

विस्थापित हैं हम सब, भूले विस्थापित हैं,
छूट गया कब कहाँ न जाने देश हमारा,
हम धरती पर विस्थापित हैं, निर्वासित हैं![2]

'युवक और 'कुछ स्वर' के बीच जो लम्बा सम्वाद चलता है वह संक्रमण में उपस्थित नई संस्कृति का बीजबपन करता है :

लहरों पर लहरें उठतीं धरती के तम की,
तह पर तह खुलता जाता नभ का प्रकाश है
पुनः उतर आया मैं धरती की खाई में
अंजलि-सी जो बनी ज्योति को संचित करने
पुनः उतर आया मैं प्राणों की घाटी में
आकुल है जो अग्नि बीज गर्भित होने को।[3]

यदि प्राण अग्नि बीज से गर्भित हो सके तो सभ्य मनुष्य इस दयनीय स्थिति से उबर सकेगा 'रिक्त प्रतिष्ठाभार झुकाए हुए रीढ़ को।

युवक प्रकृति को देख रहा है एक कवि की दृष्टि से, वैज्ञानिक या मनोवैज्ञानिक की दृष्टि से नहीं। उसके लिए प्रकृति जीवित सत्ता है, जाग्रत स्पन्दित चेतना है :

फूलों की चोली पहने, लहरा हरितांचल,
चूर्ण नीलकुन्तल छहर, दिक् सौरभ विश्लथ,
घुटनों के बल बैठ, उच्छ्वखित हृदय सिन्धु ले,
अपलक आयत दृग जो देख रही ऊपर को
अमृत प्रीति वरदान हेतु जीवन साथी से
अपने मंथर दिग् विस्तृत आवर्त शिखर में

---

1. रजतशिखर : फूलों का देश, पृ. 27
2. वही, पृ. 36
3. वही, पृ. 35

घूम असीम छटा में अथक अनन्त काल तक,
फिर-फिर तन्मय होती निज अन्तः प्रकाश में
प्राप्त करूँ चैतन्य अमर में ज्योति शक्ति मय![1]

युवक इस ऊर्ध्वारोही आराधना का साक्षी नहीं मर्मज्ञ कवि है, वह इस आराधना के प्रत्युत्तर का 'पुरुष' द्रष्टा भी है :

ऊर्ध्व शुभ्र, एकाग्र शिखर पर खड़े चिरन्तन
देख रहे हैं जग के स्वामी भू के उर्वर
इस बहुमुख फैले प्रसार में, सतजल कल्पित
अपनी ही आनन्द तरंगित रहस प्रकृति को![2]

यह कामायनी के 'आनन्दसर्ग' की समाधि अवस्था नहीं है—वरन् आरोहण-अवरोहण का लीलाभिसार है, पुरुष का प्रकृति में समतल संचरण और प्रकृति का पुरुष में आत्मिका बनना। इसलिए 'युवक' और 'युवती' एक नई धरती के स्वप्न को चरितार्थ कर सकते हैं :

हम सब विस्थापित हैं : हम सब उत्थापित हैं।
पुनः बसाएँगे हम धरती की घाटी को,
नवस्वप्नों के स्रष्टा, नव जीवन शिल्पी बन
मानवीय शोभा गरिमा आनन्द मधुरिमा
ज्योति प्रीति का स्वर्ग बना जन मंगल भू को![3]

'रजतशिखर' का युवक कहता है :

आओ हम दोनों मिल, प्राणों की घाटी में
विस्थापित मानव का फिर घर-द्वार बसाएँ,
शुभ्र रजत शिखरों की ऊर्ध्वग दिव्य शान्ति ले,
अम्बर की व्यापकता, सागर की गम्भीरता,
गिरियों का चिर धैर्य, अथक सरिता की गति ले,
भू जीवन के उपादान नव आज जुटाएँ,
आओ हम नव-मानव का घर दूर बसाएँ।[4]

कविवर पन्त ने इस रूपक में सहज भाषा का प्रयोग किया है, ताकि प्रकृति अपनी रूपकात्मकता और रहस-कला में दुर्बोध न हो जाए। सुखव्रत से तो एक बौद्धिक

1. रजतशिखर : फूलों का देश, पृ. 37
2. वही, पृ. 37
3. वही, पृ. 38
4. वही, पृ. 40

भाषा अपेक्षित थी ही, पर युवक से एक उन्मेषित सृजनात्मक भाषा का उत्साह अपेक्षित था। यह उत्साह 'नैरेशन' के माध्यम से नहीं 'सम्वाद' के माध्यम से मुखर हो सकता था। इसलिए 'युवक' के सारे संवाद बिम्ब और प्रतीक को वर्णनात्मकता में परिणत करने की सिद्धकला से परिपूर्ण हैं। उसका नवदर्शन दुर्बोध न रह जाए, प्रकृत बन जाए इसलिए उसने प्रकृति-बिम्बों से एक ऐसा मानवीय संसार रचा है जो अद्भुत भी है और विश्वसनीय भी। ये संवाद रूपक के मोड़ों के कारण कहीं ज़्यादा लम्बे, कहीं छोटे हैं, कहीं अन्तर्मुखी कहीं बहिर्गामी, कहीं भावनात्मक तो कहीं दृष्टिमोचक हैं। पर सर्वत्र इनमें एक अभिनव मानवीयता की सम्मोहक अभिव्यक्ति है। काव्यरूपक होने के कारण यह स्पृहनीयता काफ़ी कसी हुई हैं, यद्यपि मतस्थापन के मोह में कहीं-कहीं वह 'पूर्वपक्ष' के 'उत्तर पक्ष' की स्थापना जैसी लगने लगती है। 'युवती' की भाषा इस दोष से मुक्त है, वह धारिका है, विभावन का पात्र। इसलिए उसके सम्वाद अधिकांशतः संक्षिप्त हैं, और सटीक भी। मनोवैज्ञानिक और युवक के बीच द्वन्द्व में झूलती वह युगमन का प्रतिनिधित्व करती है : बौद्धिक-विश्लेषण से आक्रान्त, सृजनात्मक-दृष्टि से प्रभावित। उसकी उत्सुकता आद्यन्त, सम्वादों के साथ सामान्तर, अपने भीतर किसी चेतनाक्रम के घटित होने का मौनप्राय साक्ष्य है। इसलिए बड़ी ही सहज भाषा में वह 'बहुत ही बड़ा चाँद' का अनुभव अभिव्यक्त करती है :

आज बहुत ही बड़ा चाँद आया है नभ में,
अन्तर का खुल गया रूपहला हो वातायन...
मौन क्षितिज से, शुभ्र हास्य बतलाते भू पर
रजतशिखर, मानव-आत्मी की गरिमा से उठ!
आज प्रार्थना के हित आकुल स्वप्नों का मन![1]

वातायन प्रकृति का ही नहीं युवती के भीतर का भी खुला है। और यह खुलना उसे समवेत–प्रार्थना गीत की भाषा देता है, जो एक साथ ही संकुल प्रार्थना है और सादी कविता :

धरा शिखर के
अन्तर के ज्योति ज्वार
अजर अमर हे!
शान्त क्लेश हों अशेष
शान्त निखिल रागद्वेष
भाषा हो भाव वेश
सुन्दरतर हे !

ऊर्ध्व गगन उठा निखर,

---

1. रजतशिखर : फूलों का देश, पृ. 41-42

चन्द्र किरण नहीं उतर
स्वप्न पंख रहे विचार
स्मित नभचर हे![1]

नभ और धरती के बीच रजतशिखर मानव आत्मा की गरिमा की पहचान है। यह गरिमा वर्तमान सभ्यता से निष्कासित की जा चुकी है। सारी मानवता विस्थापित हो चुकी है, और इस विस्थापन को धार दे रहे हैं पूर्वाग्रही, सम्प्रदाय, यथार्थ के नाम पर! वाह्य क्रान्तियों की परिणति हम देख चुके हैं, बाहरी स्वाधीनता की भी। पन्त ने अन्तर्क्रान्ति और आन्तरिक स्वाधीनता-प्रभुता के आधार पर व्यक्ति और समूह के उपचेतन में क्रान्ति का आह्वान किया है। 'रजतशिखर' भी एक यथार्थ अनुभव है, किन्तु इसके लिए अन्तर का वातायन खुलना ज़रूरी है। वस्तुवादी उपभोक्ता सभ्यता में यह प्राकृतिक वातायन एकदम रुद्ध है। इच्छाओं के कोलाहल में वह मौन क्षितिज नहीं दिखता, न ही अनुभव में आ पाता है उस पर उगता 'बहुत ही बड़ा चाँद'। मनुष्य अपने विस्थापन को 'नियति' या 'संघर्ष' के नाम पर बनाए हुए हैं, आख़िरकार कडुवा स्वाद लेते हुए चीत्कार करते रहना उसका स्वभाव बन गया है। युगमन को धारण करते हुए भी कवि का युवक अन्दर से संक्रमित हैः

तब जाने, मानस में, नीरव ज्योति चरण धर,
स्नेह मधुरिमामयी कौन, नव उषा किरण-सी,
करती सहज प्रवेश, हृदय में जगा अभीप्सा—
खुलता हो अन्तरंग का चिर रुद्ध द्वार ज्यों
खुलता उर का रहस व्यथामय मर्म प्रीत व्रण
विद्रुम विगलित दिव्य मौन लालिमा लोक-सा,
करुणा शीतल करता जो लालसा दाह को![2]

पंच देवात्मा हिमालय के पुत्र हैं, इसीलिए 'रजतशिखर' की दृष्टि पा सके। वे हिमालय के बोधित्य के शिखर पर आसीन शिवदृष्टि सम्पंन्न सौन्दर्य के कवि हैं, और हिमालयी द्रोणी में विचरे प्रकृति-सहचर। इसलिए उनका कवि एक ऊर्ध्व सृजन-दृष्टि पा सका। उनका कवि हिमालय का मानवीय रूपान्तर है, इसलिए वे बुद्धि नहीं बोधिसम्पन्न हैं। वे उससे तदाकार हैं इसलिए उनमें कहीं कातरता या दैन्य नहीं है। उन्होंने दैन्यगीत नहीं लिखे, विनय की पदावली नहीं गाई। उनमें अभीप्सा के गीत, आराधना के गीत हैं। यद्यपि उन्होंने अपने को साधक न कहकर 'नम्र आराधक' ही कहा है, पर 'रजतशिखर' में नम्र आराधना बोधिसम्पन्नता से समृद्ध होती हुई किस प्रकार साधना बन जाती है—यह प्रक्रिया भी प्रकृति के

1. रजतशिखर : फूलों का देश, पृ. 9-10
2. वही, पृ. 9-10

मनोविज्ञान को लक्षित करती है। यह मनोविज्ञान पन्त के लिए प्रकृति-निबद्ध है। स्वभावज है। उसकी विश्वसनीयता पर प्रश्नचिह्न लगाकर हम मनुष्य की हिमालयी चेतना पर ही प्रश्न चिह्न लगाते हैं। हम अपने को बौना बनाए रखने के गर्व से स्फीत हो सकते हैं, पर चेतना में बौना या लघु बनना प्रकृति नहीं, विकृति है। प्रकृति विराट है, धरती ऊर्ध्वमुखी है। 'रजतशिखर' मनुष्य-प्रकृति का ही रूपक है, अश्वत्थामा की अभिशप्त नियति से अलग। इसकी विभूति से नगर-प्राण सभ्य लोग वंचित रहे हैं। प्रगति और सभ्यता का ढोंग रचने वाले लोग इस विराट संसृति और संस्कृति से अपने को अछूता रखे हुए हैं। हमने युद्ध का दर्शन, संघर्ष का दर्शन तो बनाया, पर उससे उबारने की दृष्टि बीसवीं सदी ने नहीं दी। कविवर पन्त इस सदी के उत्तरार्द्ध से ही उससे उबर चुके थे जैसा कि 'उत्तरशती' रूपक में इंगित है। वे एक ऐसे शिखर का दर्शन कर चुके थे जिस पर यदि इक्कीसवीं सदी आरोहण करने से भयभीत नहीं होती तो निश्चय ही मानव प्रकृति एक ऐसे रजत लोक की उपलब्धि से भरपूर होगी जो असंदिग्ध है; प्रकृति की तरह, हिमालय की तरह। अपने रूपकों के प्रारम्भ में पन्त ने उनके प्रतीक को भी बता दिया है : 'रजतशिखर' मनुष्य की अन्तश्चेतना का शुभ्र प्रतीक है।' पर प्रतीक अन्दर-बाहर घट रहे किसी सन्दर्भ या क्रिया के बिम्ब ही होते हैं। यही उनकी नाटकीयता है। राजनीति, मनोविश्लेषण, और विस्थापन के बीच से युवक साधक के मन में घटित होती हुई एक जीवन्त मूर्त सत्यकथा जन्म लेती है, वायवीय कल्पना नहीं। अवश्य ही रजतशिखर अब उतना समीप नहीं है जितना मात्र प्रकृत रूप में बचपन में था। अब वह प्रकृति का रूपक है, अन्योपदेश का माध्यम, अन्योक्ति जैसा। उसका एक पक्ष परिचित है एक अज्ञात, एक पार्श्व निकट एक दूर! किन्तु, हर हालत में वह हमें दिखाई देता है इसलिए दृष्टि देता है। 'दूर, यहाँ, उस पार ऊपर' का अनुभव हमारे भीतर घटित होता है—रजतशिखर में :

दूर वहाँ, उस पार मर्मरित अन्तरिक्ष के
ऊपर, नभ का नील चीरते, शुभ्र रजत के
शिखर दिखाई पड़ते जो स्थिर ज्योति-ज्वार से,
तड़ित चकित जलदों के खुलते अन्तराल से,...
मौन, अटल, उत्तुंग, आत्मगरिमा में जाग्रत,
शाश्वत, अमर, असीम—परम आनन्दलोक से,
स्वर्गक्षितिज को उठे धरा विश्वास स्तम्भ—से,
स्वच्छ हिमानी या शशि की किरणों से प्रहसित,
उज्ज्वल, स्निग्ध, प्रशान्त, जिसे धरती का कल्मष
स्पर्श नहीं, कर पाता तम तृष्णा के कर से...[1]

---

1. रजतशिखर : फूलों का देश, पृ. 6

पन्त की कविता और काव्यरूपक की उपलब्धि है एक स्वच्छ, उज्ज्वल, स्निग्ध, प्रशान्त चेतना जिसे 'धरती का कल्मष' छू नहीं पाता इसलिए उस पर खीजता रहता है। लेकिन वह उसे कभी समझने का प्रयास नहीं करता :

मानस की उस निभृत रूपहली ऊँचाई को,
जो निष्कम्प शिखा-सी उठकर, महानील को
आलोकित करती अपने अन्त प्रकाश से।[1]

कविवर पन्त 'उच्च ध्येय से पीड़ित सुप्तात्मा' नहीं हैं, जैसा कि मनोविश्लेषक आलोचक कहते हैं। न ही वे पलायनवादी आध्यात्मिक हैं। वे जाग्रत बोधात्मा हैं। इसीलिए अपने अनुरूप 'रजतशिखर' का रूपक सृजित कर सके। 'वे अचःप्राण सन्देश' को बहुत सुन चुके थे, इसलिए ऊर्ध्व प्राणसन्देश के सृजन में रत हुए। ये न उनकी 'पुण्यकल्पनाएँ' हैं न 'पुण्य इच्छाएँ'। ये जाग्रत अनुभव हैं जो विचारों के लय हो जाने पर ही प्राप्य हैं :

इस मरकत द्रोणी के हँसमुख सम्मोहन से
मोहमुक्त हो रजत अभीप्सा अन्तस्तल की
आतुर है 'उड़ने को उन्मेषित पंखों में
मनः क्षितिज के पार चेतनातप के नभ में...
जहाँ विचारों का अनुगुंजन लय हो जाता![2]

नीचे इन्द्रियों के निर्मम चरणों द्वारा रौंदने वाली तथाकथित विकसित सभ्यता है। ऊपर द्वैत शून्य दुरारोह निर्जनता की मध्यकालीन आध्यात्मिकता। इन दोनों अतिचारों से मुक्त है एक काव्यमय ऊर्ध्वारोही सृजनशीलता–सभ्यता और संस्कृति दोनों स्तरों पर। प्राणोन्मादन इन्द्रियजीवन के बीच इस रूपक का स्वर आत्मोन्नयनसूचक वाद्यसंगीत जैसा सुनाई देता है। बचपन में मुग्ध नयनों से देखा गया हिमालय अब सत्य और शिव के प्रतिरूप 'रजतशिखर' के रूपक में परिणत होता है, और कवि की चेतना धरती पर एक 'आकाशगीत' रच डालती है :

चेतना रही निहार
अपलक दृग आर-पार,
अयति, सत्य ज्योति शिखर,
अन्तःस्मित रहे विलस!

अमृत कलश चन्द्र भाल,

---

1. रजतशिखर : फूलों का देश, पृ. 7
2. वही, पृ. 26
3. वही, पृ. 8

विजित अचित् व्याल माल,
स्फुरित शीर्ष चेतनोर्मि,
जयति शक्ति पुरुष स्ववश![3]

यहीं से अधिमानस के 'आत्मस्थस्वरों के निःस्वर निर्झर' बहे हैं उनकी कविता में!

'रजतशिखर' जिस पूर्ण आलोक की ओर आँख उठाए रहते हैं उसका रूपक है 'शरदचेतना'। सारी ऋतुओं में शारदीया को चेतना के पूर्ण परिपाक के रूप में, आर-पार दृष्टि और आनन्दस्नात जगत् के रूप में देखना पन्त की अपनी प्रकृति के अनुकूल पड़ा। यों भी शारदीया प्रकृति महाशक्ति के अवतरण की पर्याय है। अन्तर सिर्फ़ इतना है कि जहाँ लोक इस शारदीया शक्ति को असुर-विनाशिनी रूप में देखता आया है, वहाँ कविवर पन्त ने इसे ज्योतिमयी पराप्रकृति के उस 'अक्षय आनन्द' और अनावित दृष्टि का सूचक माना है जिसकी तलाश में सारी सृष्टि उद्विग्न है। इस उद्विग्नता में उन्होंने न केवल सृष्टि के प्राणियों को, वरण, ऋतु-क्रम को भी शामिल किया है। पाँच ऋतुएँ उनके लिए 'शरदचेतना' की परिक्रमा करती हुई प्रस्तुत होती हैं। यहाँ तक कि 'वसन्त' जो यौवन, मधुमयता, और सृजन-उल्लास का प्रतीक है वह भी शरद के आगे आत्मसमर्पण करता है। प्रश्न स्वयं पन्त की दृष्टि का नहीं वरन् सृष्टि की सार्थक सृजनात्मकता का है। क्या वह वसन्त की उदाम यौवन-दृष्टि से प्राप्त होता है, या शरद की स्वच्छ पारदर्शी दृष्टि से दोनों में से आधारभूत क्या है? प्राणचेतना या मानस? मानस का रूपक लेते हुए रामचरित रचने वाले तुलसीदास ने भी हृदय को ही अन्तस्तल से निकालकर जीवन की संग्राम-जर्जर भूमि पर प्रतिष्ठित किया। मानसरोवर पर ही प्रसाद की काव्ययात्रा कामायनी में समाप्त हुई। पन्त ने भी इसी उज्जवल मानस-भूमि का सृजन 'शरदचेतना' में किया है,. अन्तर यह है कि यह भूमि कैलाश शिखर या रजत शिखर पर ही नहीं, जीवन के समतल-प्रसार को आलिंगित किए हुए है। यह परिव्यापी चेतना अपूर्व है, ऊर्ध्व में स्थित नहीं, ऊर्ध्व से नीचे अवतरण करती हुई आकाश, अन्तरिक्ष, धरती सभी पर अपना आलोकपात करती हुई, सभी को अपने-अपने अन्धकार या अपूर्ण प्रकाश, अथवा कल्मष से मुक्त करती हुई एक वरदानमयी पराप्रकृति का आयतन बन जाती है। देशगत इस अन्तर्मानसी प्रकाश का असीम विस्तार स्वयमेव मुक्तिदूत बन जाता है। इसलिए इसकी अभ्यर्थना में पन्त ने सारे ऋतुओं को उपस्थित किया है।

●●●